图书在版编目(CIP)数据

攻击/张鸿毓著 . —武汉:武汉大学出版社,2008. 10
张鸿毓商魂系列丛书
ISBN 978-7-307-06611-3

Ⅰ. 攻…　Ⅱ. 张…　Ⅲ. 私营企业—经济发展—研究—中国
Ⅳ. F279. 245

中国版本图书馆 CIP 数据核字(2008)第 162895 号

责任编辑:郭园园　　　责任校对:王　建　　　版式设计:马　佳
_____

出版发行:**武汉大学出版社** 　 (430072　武昌　珞珈山)
　　　　(电子邮件:wdp4@whu. edu. cn 网址:www. wdp. com. cn)
印刷:湖北鄂东印务有限公司
开本:720×1000　1/16　印张:24　字数:172 千字　插页:2
版次:2008 年 10 月第 1 版　　2008 年 10 月第 1 次印刷
ISBN 978-7-307-06611-3/F · 1200　　　定价:35. 00 元
_____

我愿做一个打工族，我希望 8 小时以外公司与我的人生无关。这样，我就可以在自己的空间里尽情地享受生活，没有压力，没有忧郁，永远松弛。

　　所以，我不愿做老板，因为老板的一切最终并不属于他……

编 者 的 话

  《攻击》一书巧妙地采用辩论的形式，通过对一个私营公司从创建到壮大的整个成败过程进行辨析，展示了中国民营经济的发展历史，是一本极具价值的经营艺术经典之作。

  "总裁答辩日"是张鸿毓先生在开办公司时策划的一个重要活动，是千里马公司企业文化的核心内容，也是整个经营管理的重要手段。

  "总裁答辩日"就是在每月的 28 日，召开员工与总裁面对面进行的辩论会，辩论内容不受限制，政治、经济、文化、公司、个人乃至"私隐"，有些甚至是企业很小的问题也在辩论中得到体现，而这些问题恰恰是老板们每天遇到的、需要精力和技巧去面对的。其言辞精辟幽默、真实贴切。这一天，是企业空气最自由、最兴奋的一天，被员工誉为"伟大的千里马日"。

  本书中有许多对经营的精辟、独到的论述，更重要的是对老板人生的表白，充分显示出现代私营企业家博大的胸怀和高尚的人格魅力，而且许多精辟、幽默、激烈、哲理的言辞完全是脱口而出，是对老板智慧、意志、反应能力的极大考验，堪称商业灵魂，经营经典，令人叹服！

尤其值得推荐的是，由于"总裁答辩日"是一个公司从开业那天起就坚持到今天，所以，其中几乎包含了整个企业的成长过程，特别是对每一个过程的处理技巧和流程论述得非常明细，简直就是一本老板做大、企业做强的经书。这本经书不仅仅对如何做一个打工仔，如何做一个老板而以身说法，更重要的是对如何做人、如何做商人独辟蹊径！

就是因为有了"总裁答辩日"，张鸿毓领导的千里马集团在短短的时间内即成为中国 500 强民营企业、湖北省十强民营企业、国家五个一工程奖企业。难怪张鸿毓在回答记者问他如何实现成功的问题时说：我有三大法宝，而"总裁答辩日"是第一大法宝！

沟通是合作的桥梁，沟通是成功的基石。而世界上任何一个专业人士和机构推崇的企业沟通方式都没有一个像"总裁答辩日"这么独树一帜且效果非凡！

"总裁答辩日"是至今为止全世界绝无仅有的一种塑造企业文化的形式，是中国民营经济活生生的历史见证，是对人类企业文化的重大贡献！

"总裁答辩日"的创造者张鸿毓先生是一位知识、阅历非常丰富的年轻企业家，由于出身、历史的原因造就了他敏锐的思维和眼光。

　　本书就是从历经十几年的"总裁答辩日"第一辩开始，挑选了部分内容编撰而成，共 36 辩。本书被视为打工族的经书、老板的成功之路，尤其是对于即将走向社会的大学生而言，就是一部人生走向成功的蓝本！

目　　录

攻击

目录

第 *1* 辩

对员工最好的管理就是沟通

1993 年 10 月 28 日

钟阳（主持人）： 女士们、先生们：

首先，请让我代表公司对你们加盟千里马表示热烈的欢迎！

大家可能有点纳闷，因为会议标题写的是"总裁答辩日"。

什么是"总裁答辩日"？

"总裁答辩日"是我们千里马公司董事长兼总裁张鸿毓先生在创建公司的计划中所策划的一项重要活动，是千里马公司企业文化的核心内容，也是实施整个经营管理的重要手段。

"总裁答辩日"就是公司在每月 28 日这一天，召开全体员工大会，让全体员工与公司总裁面对面地进行辩论，辩论内容不受限制，国内外政治的、经济的、文化的、公司的、个人的、私隐的，都可提问并进行辩论。这一天，大家的所有言论不受公司制度的制约，不受级别限制，也不会受到今后工作的不良影响或冷遇，希望大家放下包袱，不视总裁为老板，最好能把老板驳倒！

大家有没有信心？

员工们：有！

钟阳：好，下面有请千里马公司的创办者张鸿毓总裁上台主持咱们千里马公司的第一个"总裁答辩日"，敬请张总开辩。

（掌声中总裁张鸿毓上台）。

总裁：员工们，朋友们：

今天，是我们伟大的千里马日！

千里马公司是一个刚刚创立的公司，你们是第一批被录用的员工。

今天是大家上班的第一天，从今天开始，你们就是千里马公司的第一批员工，也是第一批创业者！

今天，千里马因为有了在座的大家而感到终生骄傲；也愿大家为千里马的未来作好努力战斗的准备！

在此，我仅代表我个人向大家表示终生难忘的敬意——敬上千里马第一礼！

（长时间掌声）

今天，我是第一次当"老板"，但其实我还根本不知道该怎样去当老板。

在此之前，我只是湖北电视台的一名记者、编导。

今天，1993 年 10 月 28 日，是我第一次以千里马主人的身份主持千里马第一个"总裁答辩日"。如何答辩？我也没有经验，但我有信心，我最主要的想法是通过这个答辩来加强我和大家的

了解：沟通是合作的桥梁；沟通是成功的基石！

虽然千里马今天才开始它的历史，我还不具备"经验"的话题，但我们可以讨论未来的话题，不知谁愿当我们今天的第一个辩手？

（下面纷纷举手和喊：我、我……）

一员工站起（张文胜）：请问张总，你连一个老板都不知道怎么去当，为什么还要开公司？你不会当老板，我们跟着你怎么办？请回答！

总裁：我开公司不只是为了当老板，要赚钱也未必一定要开公司！你们跟着我千万不要理解成跟着捡银子，应该理解成我带着你们去打出一片天地！去寻求共同的发展，是要有创业牺牲准备的！

如果大家都无老板经验，那么，就让我带着大家一块去当老板吧！

员工：请问能不能分期分批地组织我们到下属的工厂、药厂、娱乐城去参观、访问、学习，让我们对我们的产品有更深一步的了解？

总裁：由于企业机密和人才流动变数的原因，我们目前采取营销和生产分离的管理办法，但对于"必需"的部门，我们已经派人分期分批地去过。

员工：下一个年度里本公司如何展现企业形象，使目标管理和经济效益上一个新的台阶。

总裁：到目前为止我们做了大量工作，产品定位已基本完成。对一个产品或企业来讲，第一年应该是投石问路，因为她还是个初生牛犊；第二年应该是展现企业形象的时候了，晚一点我会告诉大家详细计划；而第三年我们公司一定会有一个崭新的面目展示在社会上。

员工（女）：请问张总今年多大？

总裁：需要回答吗？

女员工：我知道问别人年龄是不礼貌的，但要求你回答我至少有三条理由：第一，看得出你年龄小得出奇，你用不着忌讳"老"字，何况你是个男人；第二，毛泽东说60岁他才成熟一半，我要算算到你成熟时，还要多少年；第三，你的年龄告诉我你的经验，并告诉我是否能跟着你干下去。

总裁：年龄并不重要，重要的是思想。

女员工：对，但思想取决于年龄！

总裁：不对，思想取决于经验！

女员工：如何理解你的"经验"？

总裁：经验是阅历的总和。年龄不代表阅历！

如果你经历的事情多，而且你又善于思辨、总结，你的阅历就会变成你的经验，你就比同龄人成熟。

比如说，一个人活了100岁，但他没有任何阅历，这和活一天没什么区别。至于你能否决定在千里马跟我干下去等问题，我想，今天的答辩会结束之时，也就是你的决策之时。

不过，我任何时候都要提醒大家这句话：千里马公司未来的路程并不是你所想象的那么理想！商场上生死决策在人，但有时候也可能"人算不如天算"！

天是一个未知因素，但不是一个"不知"因素，心诚则灵！诚，即能感知，能感知就能知之！所以，人在天中，天在心中，人天合一，马到成功！

（会场响起一阵热烈的掌声、喝彩声）

总裁：刚才钟总把我们公司推出来的"总裁答辩日"的历史性意义给大家简单的陈述了一遍，我要说的是，大家必须了解当今企业的混战局面，一个成功的企业，它最重要的一点就是老板与员工之间的沟通。这是哈佛大学在许多企业管理的精髓论著中所推崇的。那么，最成功的沟通是什么？就是一个老板不拒绝所有员工给他所递的报告。还举了一个企业通过个别谈话、信件往来的例子。

而我认为如果说哈佛大学商学院推荐的有关企业的这种沟通方式搭建了企业上下的桥梁，那么千里马公司的"总裁答辩日"更高一筹，为什么？因为我们面对面，大家可以起来和我辩论，大家也可以不透露自己的名字，递纸条。

今天是开放的，我是开明的，今天不拘任何一格，今天不贬任何人，今天也不随意拔高人，所以千里马公司的每月 28 日是最开明的一天，是公开的一天，也是最兴奋的一天，希望大家充分利用今天的时间：

第一，解决你认为在公司工作以来长期不能解决的问题；

第二，了解公司一直所了解不到的问题；

第三，轻松一下一月以来工作的紧张气氛。

同时，在今天还可以从大家的辩论中，从大家的问题中，从大家的勇气中发现问题、解决问题，同时也从中发现人才，从而让公司重视人才。

员工（女）：我总觉得和你答辩有点胆战心惊，从你的气势中，总感觉有一种威慑感、寒心感。

总裁：其实我和大家基本上都是同龄人，许多员工还比我大很多，大家不要有这种感觉，接近些。

今天我才和大家认识，我有信心舌战群雄，这有利于开拓思维。答辩日不仅可以训练员工的素质，发现有才能的员工，现场解决管理上存在的问题，也可以将老板的内心世界敞开，接受员工的检验。

所以，我认为"总裁答辩日"是我们千里马最好的企业文化，也是明天公司成功的基础。我们要经常创造长期沟通、讨论的机会。今天的答辩会就是一个良好机会的开端！

（又一员工站起）问：那我们更关心的是，千里马是新公司，你是新老板，而且还这么年轻，你怎么管理我们？

总裁（非常自信）：

对员工最好的管理就是沟通。

所以，我创办了"总裁答辩日"，这是全世界最好的沟通方式。

（掌声）。

第 **2** 辩

执著就是
永不放弃

1993 年 12 月 28 日

员工： 张总，在上一次"总裁答辩日"上，你说你没办过公司，也无任何经验可谈，那你打算怎样才能让我们知道你将能成为一个合格的老板？

总裁： 当然，如何经营好一个公司，虽然我还无经验，但是我可以多请教有经营的老板，同时，在理论上多从精确入手，所谓"谋略"，谋好了，把握就有一半了。孙子曰："兵者，国之大事，死生之地，不可不察也"。我说："商者，公司之大业也，生死攸关，不可不谋也！"

员工： 请问张总是否已将千里马的日后管理"谋"好？

总裁： 理论上是这样。

员工： 能否宣讲一下？

总裁： 一个字：人！

以人为本，诚信经商！

当然，管理规则会很多，而且要严谨周密。

一般来讲，谋略为大志者所备。略，谓雄才，"略"与行为相铸，谓"胆"。胆略并驾，大事者，成！

（掌声）

孙子说法，不过五个字：一道、二天、三地、四将、五法。我可以将这五个字和千里马现有的策划流程对比一下：

道：政治→纲领——先创人格品牌，再创商业品牌；

天：天时→环境——市场；

地：地利→产品——巴参系列；

将：将帅→人才——付出未必成功，成功必有付出；

法：法制→制度——《千里马管理法》。

如果说《孙子兵法》的这"五事"做到了就能打胜仗，那么，千里马这一仗胜败如何，大家不就有数了吗？这就是我的"谋"。

做任何事情，在行动之前一定要先进行理论上的周密计划，决不打无准备之仗！所谓"始计第一"是有道理的。

员工："计篇"是《孙子兵法》的第一篇，听张总刚才将计篇运作在商业上的一番精彩描述，对于即将投入商场如战场的张总来讲，想必早已熟读了《孙子兵法》了吧？

总裁：那是在学校的事情。不过，对于今天变幻莫测的世界经济来讲《孙子兵法》的十三法也许根本不够用，我们要创造更多的"法"，比如"点销法"。

员工：我们有所闻张总一直在研究创造一种营销法，但一直不见引用公司实践，今天能否先给我们讲讲什么是"点销法"？

总裁：是一种新的销售理论模式，时机还不成熟，以后再告诉你们。

员工：看来张总很崇拜孙子？可是我们知道你不崇拜别人的？

总裁：《孙子兵法》是中国战争文化的一份巨大遗产，

我崇拜的是遗产！

员工：遗产不是人留下来的吗？

总裁：的确，人类历史长河中有许多值得崇拜的伟人，但要知道在这些伟人身上同时也可能存在许多缺陷甚至罪恶，所以，伟人不一定就是完人,因此,我不会随意地去崇拜一个单个的人!

员工:听起来,张总好像还能当老板。请问老板的标志是什么?就我对张总的印象——恕我直言——你虽然在外有些场合很随意、随和,我们都喜欢你,但你在公司里总是板着个脸,据我所知,老板着脸的人被称为老板,总是裁人的人被称为总裁……

(众大笑)

该员工:大家别笑,我的意思是,老板的标志究竟是什么?什么是老板?具备什么条件的人才能当老板?

总裁:老板的标志就是他能主宰公司!至于什么是老板,具备什么条件的人才能当老板,我给自己做了个简单的公式:

执著 + 放弃 = 老板。

员工:可"执著"和"放弃"是相矛盾的!

总裁:矛盾的对立就是哲学,一分为二才让我们找到哲理。

员工:这个公式到底如何解密?

总裁:其实,作为一个老板,他所应具备的条件是很多的,尤其对于一个成功的老板、企业家,

一个真正的企业家必须同时是一个思想家、战略家、政治家、社会活动家、冒险家、教育家、文学家等。

这个意思是：老板应该是一个综合素质极高的人，因为一个企业家的思路往往决定这个企业的出路；一个企业家的胸怀决定企业的强弱；一个企业家的观念决定企业的财富；一个企业家的人缘"圈子"决定企业的命运。

我们先来看——

"执著"

刚才说过了，一个成功而出色的老板首先要具备渊博的知识；品格当然要至高无上；人格魅力无不从他的一言一行中透射出来。

自信是每一个成功者必备的条件，但仅有自信还不行，你必须去行动，行动就必然遇到艰辛，这时你需要"执著"了吧？

如果你在实现目标的路上遇到阻力、困难而放弃了，这就叫"失败"了，这也是你刚说的"执著"和"放弃"的矛盾处。

执著就是永不放弃！

我们再来看"放弃"，放弃简单地讲就是提得起，放得下！既然执著就是永不放弃，为什么又要讲"放弃"呢？这里所说的"放弃"是指：

本不该属于你的东西你要放弃；

不属于你的利益你要放弃，否则，你可能为了眼前的短暂利益而失去永远的利益；

如果为了挽救某项损失而付出比该损失更大的代价时，你应该选择放弃；

如果你的能力根本做不到你所期望的某项目标时，你应该选择放弃。

此外，这种放弃在特殊情况下还包括你的个人爱好、职业和爱情、婚姻、家庭，如果你的事业需要你放弃这些时，你也应该毫不犹豫地选择放弃。换句话说：

是老板就要学会割爱。

如果评测你的公司确实开不下去了，你宁愿尽快倒闭或者破产，也不要去厚黑、打肿脸充胖子死撑着，那将会毁了你的青春、血汗乃至终生！

员工：对于老板气质有何要求呢？

总裁：自信、执著、富有牺牲精神都是一个老板所要具备的。

豪气、霸气、义气、底气、大气、灵气，是一个出色老板必不可少的！

员工：请问张总：一个员工或高管的位置一般能坐多久？

总裁：不等，一般分为三种人：第一种是高管人员；第二种是老板身边人员；第三种是员工。最难以稳定的是头尾两种，前者是"人往高处走"，或者挖他的人最多，后者则到处"求知欲渴"，短期内不会稳定。

员工：那么你的意思是第二种人的职场寿命最长？

总裁：No！秘书、司机、助理最佳寿命是三年，当然也有更长的，但我的经验是：最好别让他们超过三年。而且，他们对老板的生活习惯和工作习惯需要了解，但不能掌握！

员工：这话如何理解？

总裁：（隐晦地）只可意会！

员工：为什么他们只有三年寿命？

总裁：时间长了容易疲软，太亲近了老板也容易放松他们，这样对公司大局不利。再说，老板每天需要旺盛的精力，这就需要不断地给他新鲜感，给他输入新鲜血液就是给公司输入新鲜血液。

员工：那他们三年后干什么？

总裁：不用担心，一般进入高管层，因为他们可能就是一个成熟了的干部。

员工：公司是全计算机管理，却有人不会用电脑，请问该怎么做？

总裁：电脑是每个人在现代社会挣饭吃的基本工具，鼠标就是你的筷子，否则，你没得饭吃。

员工：按目前的状况，您认为员工应在哪些方面更加努力，确保成为公司急需的、可用的、能用的人才？

总裁：抓员工素质教育。

我认为中国的员工很大一部分素质较差。员工素质不好，什么都做不好。公司的管理哪方面不先进？我敢说不比美国的落后，但我们之间的意识达不到共识，所以我认为：最重要的是提高员工的素质。而提高员工素质首先必须灌输其对"素质"感知的意识。所以，抓员工素质教育成为必然。

员工：请问张总，你开这么大一个公司，创业资本有多少？从何而来？

总裁：人之间有两个问题不能轻易问，一个是年龄，一个

是钱。

员工：可这不一样，我们将要为你打工，不知道情况如何甩开膀子大干？

总裁：我可以告诉大家，我下海经商资本金是零。

员工：那第一个月的工资你如何给我们发？能发吗？

总裁：从今天开始，千里马的员工都必须在 20 天内将我们第一个月的工资和办公费用赚出来。

员工：听起来很可怕呀。

总裁：只要大家按照我的策略去做，准确地执行我的命令就做得到，大家有没有信心？

众员工异口同声：有！

总裁：如果你们有信心，钱就会有，有信心就什么都不愁。因为一切财富都是人创造的。不要指望一个私营公司有天上飞来的钱，那都是要靠我们的双手去创造的！从今天开始，我和大家就要开始千里马人生和钱的创造史，我和大家就是创造者！

（掌声）

第 **3** 辩

取而不仿，
弃而不舍

1994 年 3 月 28 日

员工：我曾经在好几家私营公司打过工。今年是 1994 年，就我的感觉，在目前中国私营公司的老板文化素质都不高，而张总好像有点不一样，请问你读了多少书？读些什么书？能否介绍一下你的读书体会？

总裁：小学时基本上读小说，中学时基本上读科普，大学至今几乎只读名人传记。

员工：现在不喜欢小说了吗？

总裁：现在读起小说来越读越感到没有我们现实生活和个人阅历那么深刻，而人物传记却充满血淋淋的经历，值得借鉴。

员工：那你对历史或政治书籍有何读后感呢？

总裁：历史和政治书籍是现实生活的一面镜子，这面镜子对许多的历史家尤其是政治家影响很大，辅助了许多伟人但也毁灭了许多伟人。

比如美国的案例制实际上间接地指导了美国各行各业的游戏操作规则，虽然扼杀了许多新生事物，但也成就了许多事业和伟人；而毛泽东不能不说是一位中国历史和政治的研究高手，对"宫廷文学"的研究高深莫测，而他晚年的失误也不能不说是受"宫廷文学"的影响而导致。所以，一位真正的伟人对于前者的经验应该是：

取而不仿，弃而不舍。

我们公司也一样，不要跟在别人后面爬，要自主创新。

员工（市场部）： 作为一个新公司，我想知道公司的产品推广计划是怎样的？

总裁： 产品推广计划必须是一个长效工程计划。目前大家将要展开工作的"圣安垫"仅仅只是我们的一个起步产品而已，产品不可单一，公司研发部已作了详细的品种开发计划，这是我们将来取胜必不可少的准备工作，必须花钱花精力提前计划。

员工： "千里马"这个名字很响亮，也富有朝气。请问张总是如何想到用"千里马"三个字作为我们企业命名的？

总裁： 为取我们企业的名称，我可以说绞尽了脑汁，至少在十几张纸上写满了词汇，最后锁定"千里马"。英文："China-ma"。

"千里马"被全世界各国人民所寓意的褒义已成为公论，但惟一被我们注册。"千里马"不仅仅像你说的"很响亮"、"富有朝气"，而且也象征着速度和效率。

"千里马"的典故大家应该都知道吧？最著名的是"伯乐相马"。所以，我取"千里马"命名还有一层企业应该博大胸怀的意思，即：我是千里马，你是伯乐！当然，还有其他意思，以后再慢慢理会。

员工："千里马"与朝鲜的"千里马"有关吗？是不是与朝鲜的合资企业？

总裁：无关，否则金日成早就来收购了。

员工：那"千里马"的英文"Chinama"又出自何处？为什么不用英汉词典上千里马的英文：Wingsteed？

总裁："Chinama"是音译，但也有意译，China 是中国，Ma 是"马"的拼音，而且这是个组合词，便于注册，市场也新颖，因为和 China 组合，更容易记，且意义非凡，但我不主张读为"中国马"。

中学时候

员工："千里马"这么好的品牌效应，公司是否应将现有的招牌装饰改换一个更气派的招牌？

总裁：如果公司赚钱，招牌再小，心里踏实；如果公司不赚钱，招牌再大又有什么用呢？形象固然重要，但要实事求是，等我们成为世界首富时，我给公司做一个与地球一样大的招牌如何?

员工一片兴奋的喝彩声:"好……"

员工:请问张总,你学过文学吗?

总裁:当然!

员工:艺术呢?

总裁:当然!

员工:大学真正的专业是什么?

总裁:新闻。

员工:果然与我了解的差不多,但我想知道的是,你现在身处改革开放初期的市场经营浪尖,不说是否懂经济,仅说财务会计知识,你有多少呢?

总裁:我自己对财务会计可谓"一窍不通",所以,我正计划开补这一课,因为财务是一个老板必不可缺的基本知识。我觉得我首先应将财务有关法规记熟、理解透,合理地运用、灵活掌握。什么方式可行又不违法,对公司有好处,就用什么方式干。

员工:张总,有一首诗这样说:燕台一去客心惊,箫鼓喧喧汉将营……请张总背出后六句!

总裁:(犹豫了一下,显然记不起)千里马公司的员工都是有文化水准的,相信在座的许多人都能背出这首诗,能背的请举手!

(有人举手)

总裁:好,(指一男员工)你,张雨智,请你接着他背。

员工（张雨智）：

万里寒光生积雪，

三边曙色动危旌，

沙场烽火侵胡月。

海畔云山拥蓟城。

少小虽非投笔吏，

论功还欲请长缨。

总裁：你能说出这首诗的背景吗？

员工（张雨智）：这是唐朝诗人祖咏写的一首诗，叫《望蓟门》，诗的意思主要是抒发投笔从戎之志。

总裁：未必投笔，但是从戎！（笑）提问者不是在说我吧？

员工：而我感觉是张总背不出这首诗，而是利用自己的智慧巧妙地让其他员工帮你背出来了。

张总：赢是要靠智慧的！

（掌声）

员工：看来张总喜爱博读古今中外之经书，请问你喜欢模仿他们吗？或者说按照他们的人生意图去效仿吗？

总裁：你觉得依我的秉性能步他人之意吗？也许能，但一定是汲其精华然后超越之，从而"以夷制夷"，三十六计之第三计不是说"借刀杀人"吗？也许我只会借力而不会效仿。

一个真正的成功者他同时又是一个创造者，所谓创造就是独树一帜，自成一体，别人没有。

世界 500 强多少成功案例，这其中每一个老板都值得我们学习，但我们一定不要走他们的老路，如果是，那你还是在那 500 强里兜圈子，但如果不是，而是独创自己的模式，那你就很快会成为第一！

所以，不管你从书本上也好，还是实践中也好，都不要去模仿别人，我们仅要做的一件事就是：取其精华，去其糟粕，这就是我说的"取而不仿，弃而不舍"！

（掌声）

第 **4** 辩

企业任何时候都 不要去碰运

1994 年 8 月 28 日

员工： 请问张总，你如何理解民主和自由？你喜欢独裁专制还是民主集中制？

总裁： 我知道你想说什么，想说我独裁对不对？

"六四"政治风波我见过了，"文化大革命"我也经历过了，民主和自由，我觉得都很重要。

自从有了国家机器，每一个人都在一定的社会约束下生活，绝对的自由和民主是没有的，国外也没有，因为这个社会不可能产生一种绝对的平等，有私欲存在就会有你死我亡的斗争，就没有绝对的民主和自由，只要有思维存在，这种绝对的民主和自由就不可能存在。

但是大家都向往民主和自由，那应该是一种公平环境之下才有的。我们大家来到这个世界上都是为了生活得更好。

企业制度不就是这样产生的吗？

独裁在一定意义下起作用。纵观历史，民主优于独裁，独裁是封建专制的产物，在我们这个时代，显然是不适应的。

但独裁在特定的环境下会起一定的作用。就企业内部来讲，有时需要"专制"，请注意，我说的是管理上的专制。有的时候有些员工叫他做什么事的时候他就是不做，那就要专制，用强硬的制度来约束，其他情况下没有必要。

现在干部给我提意见越来越多，而且越来越尖刻，提得对的我当然要采纳。

员工：请问你习惯采纳别人的意见吗？

总裁：虽然我有我的个性，甚至许多时候刚愎自用、我行我素，但我一般都会采纳别人的意见，只不过在真正吸收时比较慎重而已。

虽然我有时会拉下个脸没哼声，其实我都听进去了。企业人情味是淡些，那是为了减少感情纠葛，也省去许多麻烦，要根据具体情况掌握分寸，朋友间不是靠碰两杯酒就有感情的。

员工：当今政治风云变化，政治和经济有着密不可分的联系。苏联的解体，中国私营企业的大量涌现，中国的社会体制有可能会发生根本改变，或者会重新回到原来的状况。如果是，你接受这种现实吗？

总裁：没问题。

员工：那你认为中国与国际接轨的时间还要多久？

总裁：这要由我们国家高层领导人的魄力而定。

员工：那你寄希望于政治变革吗？

总裁：经济与政治紧密相连，要发展经济，当然少不了政治变革！

员工：政治往往是保守的！

总裁：但保守是不能长久的，一旦危机到来，国将一败涂地，不可收拾！

员工：撇开政治人不谈，匹夫如何处之呢？

总裁：若保守当头，匹夫有责冲破窠臼，率先变革！

员工：你手上既无政权，又无人权，更无国之财权，如何变革？

总裁：我虽无政权，更无国之财权，但我有企业自主之权，我们不是经常讲实业报国吗！

员工：企业受国家政治控制，自主之权又能何妨？

总裁：用经济之力拯助政治之身，又未尝不可。

员工：可你个人之力毕竟有限。

总裁：世上无难事，只要有心人！要成就大业，就不能因个人力薄而不为之。

对一个企业而言，很多时候它需要独裁。

但有一点，独裁也要独得有道理，当企业某项工作的定义让众人举棋不定时，我们需要"独裁"，这叫"决策"！

我们说一切以"人"为中心，做任何事首先要看人，老板不就是这个人吗？既然信任他就要给他权力，他坚持实施他的权力就是"独裁"！

所以，企业有时候需要独裁，企业本身就离不开独裁，但对于独裁者也是有条件的，只有当大家的意见和水平显然低于领导者的时候，才需要决策者做出准确的判断，否则，企业可能被误导，甚至被隐藏的破坏者设置的圈套而击败，导致企业破灭。这一点在私营企业尤其重要。

其实，我不大喜欢把当今许多企业内部流行的"独裁"二字引用到企业，"独到"不更好吗？

独裁者必须是胸有成竹、运筹帷幄、满腹经纶的代表。

当然也有一些独裁者不具备这些条件也可能"独裁"成功——那一定是碰到了运气，这种独裁使不得，那是企业致命的杀手！记住：企业任何时候都不可有侥幸心理！虽然要抓住机会，但：

企业任何时候都不要去碰运气，

因为企业赔不起。

真正的

独裁＝权力＋能力。

员工：张总有个性。

总裁：我曾经在很多次会上讲过一个观点：别人这样做的时候你就那样做，你的人生哲理、你的生活准则不要受别人的影响。高尔基说这就是伟大的人，这一点是很重要的。

我不管置于何种环境，虽然我能很快适应环境，但是很难改变我的观点，这种观点不是一口气形成的，需要生活阅历，各个方面的知识，最后才形成这个顽固的概念，不管风云如何变幻，千里马的发展规划不会改变，即使战争毁灭了我们，只要我们还能重生，同样可以恢复，一切东西都可以重新再来，即使千里马有一天走进死胡同，我们还有办法重新走出来，只要大家有信心，我是有信心的，大家一起说，你们有没有信心？

员工（异口同声）： 有！

总裁： 好！

员工： 慢！关于信心、自信，以及与其相关联的信仰我有些问题要问。我的印象中，好像很多老板都信风水，出行呀、地产动工呀、开业呀、办公室摆设呀，都要请个风水先生看看,请问你信吗？你请过风水先生吗？你有信仰吗？自信和信仰有关联吗？

总裁： 好家伙，这么多问题。首先坦言，到目前为止我还未请风水先生看过，也许是没时间研究，但应该是缺乏这方面概念而没被引起注意。再则我也不是一个宗教信徒，但对于宗教也好，迷信之类也好，我的观点从来是"信则有，不信则无"，不过，我既不迷信它，也不会亵渎它。

至于自信和信仰有无关联，应该讲在意义上毫无关联，但在精神理念上来讲有一点相近，那就是：都执著。

员工： 如果你没有信仰，怎会有精神支柱？

总裁： 我有信仰，我也有精神支柱。

员工： ？

总裁： 我非常自信，非常信仰自己，这就是我的精神支柱。

人生的迷宫是自己制造的，人生的阳光也是自己冉起的，不要企盼任何一种侥幸，决定人生结论的是信念，一种任何情况下都不要放弃的信念！

第 5 辩

自信越克
自身障碍

1994 年 12 月 28 日

员工： 我们的"圣安垫"产品伴随着我们的公司走过了历史的一年，这一年张总有何感慨？

总裁： 我们的第一个产品"圣安垫"到今天为止刚刚走过一年的时间，这一年，对于一个什么经验也没有而主宰一个什么历史也没有的新企业的老板来讲，万千感慨！

同样，我们的"总裁答辩日"也伴随着我们的"圣安垫"走过了风风雨雨的一年。虽然我们刚走过的这个历史上的第一年取得了可喜的业绩，但我们毕竟还只有一岁，还谈不上历史；虽然我们的"总裁答辩日"在第一岁里所辩论的问题还处于企业和人生的初级阶段，但千万别忘了，这是任何一个老板成长从无到有、从一无所有到亿万富翁的必经之路，也是每一个打工仔从不知到知之的必经之路。

在我们的"总裁答辩日"所辩论的内容里，有市场经济最尖端的问题，也有企业最简单的问题，更有人生最隐讳的问题。这些问题都是一个婴儿走向成熟而必不可少的内容，无论是尖端的，还是简单的或者是隐讳的，我们都不会抛弃她，而要让她真实地写在历史里。

因为今天是 1994 年，我们才一岁！

目前，中国的改革开放还处于半醒半梦之中，还只是一个雏形，在经济意识方面、经验方面还远远落后于西方国家。国家如此，何况一个新生的企业呢？所以，我作为身处这样一个历史时期的民营企业中的一分子，我发自内心地呼喊：国人，要努力呀！（掌声）

尽管我们"总裁答辩日"所涉及的问题因包罗万象而参差不齐，但真理只有一个：价值！

若干年之后，在你成功的那一天，当我们回首往事的时候，我们会突然发现：我们人生的历史原来如此的珍贵！

（掌声）

我相信，随着企业的日益壮大，我们"总裁答辩日"的内容也会不断地变得尖端和充满生机和活力。如果大家不信，我们可以用自己的生命、用自己的年龄伴随着企业成长的年龄去体验，这是对真理最好的检验：让历史作证！

（长时间掌声）

好，今天是我们千里马 1994 年最后一个答辩日，我宣布：现在开辩！谁先来？

员工（男）：我先说。一般工薪阶层的人为了第二天上班不迟到都会早睡，公司的电视广告在每天晚上十点左右播出，您认为这个时间好吗？是否收到效果呢？

总裁：这是一个媒体发布的定位问题。

媒体发布的时间要根据产品受众的特点和企业的价值而定，这就是说，根据中国目前行政机关人员的作息习惯，可能一般会在十点钟左右睡觉。因为中国人喜欢打麻将，很多人因为打麻将而影响了第二天的工作，根据这一特点，我们安排了一条带有公益性质的提示"市民"的广告："圣安垫提醒市民：打麻将易患痔疮！"广告开始是"砰！"一声响亮的钟声，这是在告诉大家：睡觉的钟声敲响了，该睡觉了；另一个意思是：打麻将老是坐着不活动，肛肠消化呆滞易患痔疮，记得垫一个"圣安"牌痔疮垫坐着吧！

不过，我想在当今社会九点多钟就睡觉了的人不一定就是能干的人，效率很高的也不一定就是有能力的人，当然，睡得很晚也不等于就是有能力的人。所以，这条广告安排在这个时间段播出是有多方面道理的，琢磨一下它的广告词你就明白了。当然，每一条广告的播出要考虑各种因素，首先要考虑受众群体，同时重点考虑成本，这样才不会流失资金，投入才有价值。

员工：您说过以巴威的利润来弥补胃痛安的费用，如果巴威招商不是很理想，那么胃痛安的路今后怎么走？

总裁：胃痛安的投入照常不变，巴威产生的价值，来补充胃痛安，推广它。不是胃痛安不足，是加大胃痛安的力度。这叫"围魏救赵"！

员工：食堂伙食太单调。

总裁：要知道，中国还有三分之一的人没有温饱。

员工：那您能经常与员工在食堂进餐吗？

总裁：在食堂进餐不是太多，我总是坐在办公室吃饭，因为事情多一点，但我还是尽量在食堂和大家一块吃饭，那样有机会与员工拉拉家常，我感觉很好。

其实在外陪客吃饭吃不好，而快餐面、面包、饼干我都吃腻了，现在很难吃下了，我觉得还是盒饭好吃。你说食堂如何改进？我们要学会打工意识，不要把一顿饭看得很重要，随意些，那是可有可无的东西，在外打工那叫"工仔饭"。当然，作为公司来讲，会保持一定的水平，不过，我想，我能吃，你有什么不能吃呢？不管怎么说早、晚你还可以在家里搓两顿，而我基本上一日三餐吃食堂盒饭啦！

员工：若有员工独立承包到外地销售自负盈亏，公司能否同意并提供优惠的条件和价格？

总裁：公司允许各种形式的营销手段存在，但员工独立承包要与公司大规模兵团作战的步调形成统一，这叫"形散神不散"！

有些人拿不到这个资格是因为他的能力或信誉得不到公司的认可，不存在条件和价格不优惠的问题。能创造价值对公司来说何乐而不为呢？

员工：如何做好公司之间、部门之间的协调、组织工作，达到快速、高效的办事效率？

总裁：首先，管理制度要严谨，行政流程要严密而简单，哪个部门控制哪个部门要有条不紊，不越级、不延误、不串职、不串岗，整个办公系统程序形成一个完整的行政物流；其次，要强化"人缘理念"，要和谐地与各个职能部门协调办公，建立亲密的同事关系有助于提高办事效率，当然，这个同事关系是建立在公司基础之上的。

要强调一点的是，策划、起草报告人员的文字工作一定要过关，很多人马虎从事，一篇文章他自己都看不懂就交上来了，很多人连一份请假条都写不清楚，何能去当文员呢？

有时候我对一些文件批得慢，其中最主要的原因就是文理不通，逻辑不清，一个报告或一个策划案让我改来改去，这不耽误审批时间吗？

很多人认为他有才，但我要提醒你，有才还要体现出来才能被公众认可，其中组织语言写作是最关键的。

员工：强调严格管理，以严肃的纪律来实施严格管理。写字楼内应注意自身形象，有集团化大公司员工的处事风范和精神风貌。

总裁：这里我要批评部分干部，你们部门召开会议没有？会议上强调这些事情没有？你没有强调，你就不符合一个总经理或部门经理的标准，你连一个当干部起码的素质都没有，你不知道开会，你不知道会上该说些什么东西，不知如何强调纪律、强调任务，还当什么干部呢？

员工：请问张总如何理解增强企业主人翁意识？竞争意识？请与其他公司之间来一个比较。

总裁：不要太多地理会别人如何如何，因为他们的好坏对你来说意义并不大，意义重大的是你怎么让自己如何如何。我们的产品是独特的，首先要有自信心，你连自信心都没有，如何树立竞争意识？

要让自己在这个公司有一种荣誉感、安全感、上进心、超前意识，这样你才会以一个主人翁的姿态展现在你的客户面前，有主人翁感。

这一切所有的基础就是自信！

你可以什么都不要，也可以什么都没有，但是，不能没有自信！
自信是成就任何事情的先决条件。

第 **6** 辩

衡量员工素质的
第一标准：悟性

1995 年 3 月 28 日

总裁： 今天，又到了总裁答辩的日子，更到了对我和大家智慧考验的日子。我比较喜欢大家提一些尖锐的问题进行辩论，不要有任何顾忌，不要认为我是总裁，就不好把我"撂倒"。跟我工作时间比较长的员工应该了解我，我喜欢开诚布公，更喜欢挑战。我也希望大家公开地交换各自的想法。

现在开辩！哪位先来？

员工： 请问张总，对于举报信或者情况反映，你究竟持何种态度？

总裁： 自从我公布老板个人的举报邮件地址后，我这么多年来收到的"举报信"，有关省级总经理内容的起码是"汇报信"的 10 倍以上，很多"举报信"的地址都很奇怪，它不是一个网站发来的，是很多网站发来的，我就是需要这些向我反映情况的人，我也知道如何去保护这些人，为他们保密。

但是，有一点，不能诬告。诬告是犯法的，举报是要表扬的，是要奖励的！包括这一次，我们在五大市场考察，我们正是看到了这些问题才下市场的，大部分问题得到了证实。

这里我不多说，我只是告诉大家我如何面对这些情况反映。

我知道一个人受了委屈、受了冤枉是如何的痛苦，我父亲被错划右派痛苦了 28 年，什么都毁了，我深有感触，所以，我不会轻易否定一个人的价值和打击一个人的，我会尽量把问题落实清楚。

对于一些瞎说的，我一看也会知道。这些"举报信"给了我许多市场管理信心，也帮了我许多的忙，这正是我的初衷，所以，举报人和被举报人都不要纠缠这些问题，最终是看我怎么样去摆平这些问题。但是我还是在这里表个态，欢迎举报，欢迎向我反映问题。只有这样才能发现更多的问题，才能解决更多的问题。

对于集团公司来讲，每一封信都是对集团公司的一次鞭策，有则改之，无则加勉，这也可以看出告状人和被告状人的心胸宽不宽。开明、公平、公证是我对朋友和任何人、任何客户的做法。

还有一点，今天和明天不管是业务员也好，干部也好，你都可以把你想说的话跟我说，跟公司的领导层交流，尽量运用时间，把你想说的话说出来。写出来也可以，跟我单独交谈也可以。

员工：公司有一张立项单，上面说了这么一句话："如果你从未填过此表，那就意味着你从未有过为公司出谋划策的记录。"

我就没填过，难道张总能肯定我就没有出谋划策过吗？

总裁： 立项单是我最重视的一个问题，这立项单是具体操作、实施任何工作的最主要手段，你有什么好点子，有什么好建议，只要你通过立项单报上来，很快就会到我手上，我很快就会处理。又比如我要吩咐谁办事，我马上就会抽一张立项单出来给他，按着立项单实施。

这张立项单我手中一份，秘书手中一份，财务室一份，档案室一份，到了发工资的那一天，财务室要拿出来兑现的。例如："立项人徐竹生，完成广告制作原定 20 小时，实际 16 小时，节余 4 小时，请问是要奖金还是要休假？"，实际上这也是一张业绩单。

如果你没填过立项单，虽然不能说你从未出谋划策过，但至少你没有记录，拿不到报酬啊。我希望你们充分利用好这张立项单，这可能就是你的事业、你的前途的铺路石。

员工（女）： 我不是辩论，我只是想就一些我不大清楚的问题问一下。

我一直觉得很奇怪，为什么在中国很少有用人名作为品牌的，因为在国外这个现象很普遍，比如化妆品里面就有很多用人的名字作品牌，为什么中国就没有这种现象呢？您觉得您有可能开这个先河吗？

总裁： 我觉得这个问题应该这样来研究：

对企业来说品牌要真正做大，人是最重要的一步。

不管议论哪一个公司，哪一个品牌，首先要问："这个老板是谁呀？"这容易传出一种广告，传达一种信息，接下来就要分析这个人怎么样呀，是个什么样的人呀？是个砖瓦匠，还是个木匠呀？学什么专业的？马上就可以把你这个人的全身在镜子里面照出来了，所以人肯定是最主要的品牌。

但为什么中国很多人不敢去推他呢？

中国人都很谨小慎微，个中原因想必大家都知道。当今企业管理不像过去那样仅仅是推劳动模范，而更注重推商业品牌体现在个人身上的价值，一把手当然重要，但不能瞎推。

为什么？我今天在人的管理里面说了分公司以下，任何级别以外的不设副职，就一个正职，不搞那么复杂，都是干活的，都是秘书，哪怕是总公司的副总，或任何一个子公司的总经理都是公司的秘书，都是助理，我也是的。

人们常说"人怕出名猪怕壮"呀。传统的中国人嫉妒心态和古训仍然还在影响着我们啦！但设正职或树立个人品牌不等于他就代表一切，这个"名"和"壮"的个人品牌是根据公司的品牌需要而存在。但说你们要深刻理解我常说的那句话："先创人格品牌，再创商业品牌"！

所以，以个人名字命名公司的品牌公司几乎微乎其微，但不是不可以。

推"人"的这个品牌，不是每一个人都可以推的，它有一个特定的条件，还有一定的环境。

很多老板想得更简单，在中国来讲，很多人就是赚了一把钱休息了，OK了，"洗了睡"（武汉土话），他不会往前再走。当然也有些人是被迫推出来的，那些被迫推出来的人只有具备一定的基础和一定的精神，他才能够长期维护下去。

所以，这些人是最吃亏的，我可能快要到这里面去了，我最累了，没有办法。

当然，与外国人比较起来，个人的文化教育层次也有区别，各国的商业文化也不一样，所以，将公司作为个人品牌来推要尤其慎重。

员工：那你认定员工能力的标准是什么？

总裁：一个字——悟！悟性！我先要发现他的悟性，我才有可能发现他的才能，从而想办法调动他的主观能动性。我从来都不听别人说这个人多能干，怎么能干。我有一句话，你在外面是教授也好，专家也好，对千里马公司没用。如何认识这个人是不是有能力，不是凭人说的。

我往往在用一个人的时候，是先给他一个铺垫，用一个干部的时候给他一个过程，我看他有多少悟性。

比方说，我要去打一个市场，如何去打，我先不跟你说很多，我只是问你这个市场能不能打啊，该怎么去打啊，或者：我先说个错误的方法，问你行不行？看你如何反映？是否能悟出其中的道理。公司为什么要打这个市场？战略意义在哪里？是用这个市场来卖，还是用这个市场来布局？你除了接受我这个观点之外，你还要想，这个公司的整个战略是怎么样的？为什么老板提出这么一个问题，为什么提出这个问题去打。所以我先要发掘你有没有这个悟性。

从千里马一开始就跟我抗战的干部员工，很多已经懂得了这一点，一般我说话的时候，不会说得很透彻，就像一个师傅带徒弟一样，我不会三年从师，而是一分钟就交给你。主要靠大家发掘自己的思维，是帮大家把这扇门给打开，把你的思路打开，所以在培养人的问题上，我认为我是很用心的，这也是对一个公司最高决策者最基本的要求。

在我们公司，一个人一步一步升上去，他是不知不觉的，他根本没有听他老板说：我准备培养你三年，我准备让你当什么什么干部。

我从来不跟任何人承诺，也没有向任何干部承诺过，直到他走过来之后，回头一想，他才会明白：哦，原来老板事先已经把我的路给策划好了。

能够把干部的路策划好就是高明的老板，这个时候，一旦他的思维打开以后，放到市场上去，可以一发不可收，为公司创造巨大效益，能够体现自己更大的价值，也把他自己的能力更大地发挥出来了。其实，我的任务很简单：关键时候给你点几下。

所以，在人才问题上，我最强调的是悟性。

对员工素质要求的第一要素就是"悟性"！

一个没有悟性的员工就是没有能力的员工，"笨"字就是因为缺"悟"而来。

老板说了一百遍累死了你还听不懂，老板的意图你理解不了，你这个员工就是一个"呆工"；不善于捉摸老板思想，会成为一个永远不能上进的员工，这类员工要了有什么用呢？对某事项还是似懂非懂时你就去行动，又要面子而不愿去"不耻下问"，结果是造成巨大损失，这类员工要了只会害了公司！

一个员工的悟性反映一个公司的悟性，员工没悟性，公司就没悟性，没悟性就没执行力。

所以，对于没有悟性的员工，我们应采取两种方法：

1. 放到最原始、工作最机械的位置去回笼，等待一个月的提升，若还不行，即辞退；

2. 立即解聘。

员工：关于"悟性"问题也许是你对我们的较高要求——首先声明：我天生笨……

（众笑）

总裁：悟性不是"天生"独有的，后天的造化仍然是绝对的，多听、多看、多想、少说，久而久之，就会提升悟性。

多观察与思考，能极大有效地培养自己的悟性，持之以恒，你将会成为一个高智商者。其实，培养自己的悟性也很简单，

悟性就是心领神会！

第 **7** 辩

"人缘理念"

1995 年 8 月 28 日

员工： 张总，我刚进公司时就听说你曾经创造了一个精辟的理论叫"人缘理念"，这对当今企业来讲是一个新名词，能否请你解释一下？

总裁： "人缘"的含义大家都知道，把它运用到当今企业形成一种理论我把它定位为"人缘理念"。企业在经营过程中最重要的一点就是如何与他人相处，这个"他人"包括两个方面：

1. 企业内部人缘关系；

2. 企业外部人缘关系。

内部人缘除了员工与员工之间、老板与员工之间外，老板与在本公司就业的有血缘关系的亲情之间的人缘关系尤其要处理好，否则，这种人缘关系会影响到整个企业内部的人缘关系，甚至一夜之间可以将整个企业的人缘关系置于僵化状态。

员工： 关于血缘亲情在公司就业或进入上层你能不能说具

体些？

　　总裁：人都需要吃饭，要吃饭就要就业，既然我的朋友和许多机关部门领导能想方设法请我安排介绍的人就业，为什么我的血缘关系人员就不能就业呢？

　　但他们仅仅是就业而已，没能力管理的我永远都不会让他们进入领导层。

　　对于血缘亲情在公司就业，我始终坚持这个原则：

有能者上；无才者业；无为者走！

　　现代企业制度尤其是民营企业，一定要坚持这个原则。

　　血缘亲情在一个公司如果形成气候，尤其进入股东或董事、高管层等，该公司就有可能形成我们通常所说的"家族企业"。

　　家族企业并不说明什么，任何成分的公司都有成败案例。反而许多家族成员未必愿意在家族的企业就业。

　　任何"家族"，只要你组建或驾驭"企业"，你就必然要在一个国家机器的约束下运作，国家法律、公司制度、商业规律让你的家族成员不得不在一种公开、公平、公正的环境下行使职能。运作得好，一样成功；运作得不好，失败也不足为奇。

　　正是因为这些原因，所以你必须记住，如果你要组建家族企业，一定要有一种心理准备，这就是：家族企业会让血缘关系越来越疏远，也就是说，

家族企业让血缘产生情感距离。

这种结果完全是由于国家机器的约束和社会环境促成的，当然，这种情况也不是千篇一律的，即使是这样，到了关键时候，血缘亲情关系还是会体现得很完美的。

最能体现血缘亲情价值的应该是创业阶段和陷入低谷时，所谓战场父子兵嘛！

而最能体现情感距离的应该是家族企业最辉煌时。

外部人缘除了企业公共关系人群外，重点是要与消费者建立很好的人缘关系，因为他们是上帝，是企业最直接的见证人。

我们的企业方针有八个字：

诚实、和谐、努力、超前。

其中第二个内容就是强化"和谐"企业。一个企业如果内部团结、凝聚，外部人缘又好，还有什么战胜不了的呢？

员工：公司应该经常举办各种活动，让新老员工拉近距离，相互熟悉、认识。

总裁：陌生是让每个人暗地里默默挑战；熟悉也只能建立在公司协调工作的基础之上。在私人企业里，新老员工不存在距离问题，只有业绩的鉴别和相互尊重的准则。当然，

距离感蕴藏竞争动力。

哪怕是血缘亲情也是这样，所以，"人缘理念"让我们架起了企业内部及外部之间的一座互动桥。

"人缘理念"的含义是：企业人之间及与消费者之间相互建立一种人缘关系的准则。

切记：

人缘就是生产力！

第 **8** 辩

用人不疑，
疑人敢用

1995 年 10 月 28 日

员工：1994 年 6 月 1 日《劳动法》就颁布实施了，请问总裁先生，《劳动法》对我们这种私营公司的作息时间是否适用？

总裁：《劳动法》只是在大方向上作出指导，我们当然可以参照。但是三资企业有自己独立的一面，有自己的权力，我们的权力和义务也许会更优越。

员工：可国家有规定，从 1994 年 9 月 1 日起就实行了五天工作制，请张总结合本公司情况说说是非。

总裁：销售员是没有节假日的。

员工：可否请总裁适当调整一下作息时间？

总裁：这是一个制度，既然是制度，那它就是经过了研究和反复推敲过的，也就是说，为什么这样安排是有其道理的，所以，对于制度问题我不能一意孤行地立即修改，要思考一下。

关于这个作息时间的问题，国家已有规定每周 42 小时。据我了解一些城市，特别是南方，都不实行大礼拜。我觉得我们公司也不宜实行大礼拜，我们宁愿调整每日的工作时间，这样我们和外界的联系多一些，与省外与国外接轨。

　　如果我们都休息，别人来找不到人就麻烦，所以作息时间是根据自己公司性质决定的，那么对于早上上班时间8：30是为市场业务考虑的，而且比机关晚半小时，已经可以了。国家规定从1994年9月开始实行每周五天工作制，但我并不认为目前中国实行的双休日对我国的现状有什么帮助，目前中国仍处于法制观念初期，大锅饭还在煮，办事效率仍不高，长期大锅饭的传统作息观念形成了这样一个局面：

　　星期一：机关要开个会，基本不办事；

　　星期二：去机关办事，办事人表示：好，我们研究一下；

　　星期三：询问事情进展时，机关回答说：你们还需补一些资料；

　　星期四：补送资料；

　　星期五：再次询问，机关回答说：要向上面说说，于是，只有下星期再说了。

　　而且，这种程序如果真是这样已经算很好了。改成双休日后，每周实际办事只有星期三和星期四两天，所以，我国实行双休日后，办事效率明显降低。我认为，目前中国处于发展节奏较快期，这个时期推出双休制不合适，至少我还是要求星期六上午公司上班，主要工作是总结。

我对午餐和晚餐后作出了这样的安排：每天午餐开始时播放一部进口电影大片，调剂一下大脑，每天晚餐后开放卡拉 OK 三小时。

　　员工：好。

　　（掌声）

　　员工：请问总裁先生，你中午休息多少时间？

　　总裁：我中午从不休息。

　　员工：晚上几点睡觉？

　　总裁：凌晨 2～4 点。

　　员工：你能挺得住吗？

　　（会场笑声）。

　　总裁：No problem！

　　员工：没想到你每天睡那么少，精力还那么旺盛，有秘诀吗？

　　总裁：当然有。

　　员工：请赐教？

　　总裁：服巴参胶囊。

　　（众笑并掌声）

　　员工：一些业务人员无所事事，对此如何处理？

　　总裁：裁掉！

　　员工：您听说过"杀鸡取蛋"的故事吗？您对员工"待遇"会不会采取"杀鸡取蛋"的办法呢？

总裁：这骂我骂得够厉害的，"杀鸡取蛋"的故事小时候就读过，回想一下可能是这么个意思：为了急功近利，为了得到鸡蛋，把那个鸡杀了把肚子里的鸡蛋挖出来，而不知道把这个鸡养活，让它不断地给你下蛋。

但作为企业来讲，有时候是要杀鸡取蛋的，因为这个鸡有时候生出来的蛋是坏蛋，我不如等那坏蛋还没有生出来时把鸡杀了，当然这种观点不一定正确，也不需要千篇一律，我们原则上还是不采取这种方式为好。

对员工的待遇问题，我觉得问心无愧。我请每一个员工摸摸自己的口袋，你是不是对你的工资待遇问心无愧？有些员工的待遇很高，为什么呢？自己去想，用不着多说；有些员工的待遇又很低，那你更要多想一想。

当然，公司如果出现"杀鸡取蛋"的故事也并不奇怪，一方面可能是公司的一种手段；另一方面，你不了解公司为何这样做的原因。

员工："用人不疑，疑人不用"很多人知道，很少人做到，您却犯了大忌，就我的观察，您有机会用很多人，但您没用。

总裁：一个老板不可能把每个人都掌握，我觉得我是很重视人的潜力的，要不我当初就不会派张文胜去重庆，当时是干部疑他而我不疑他，我给机会他，我觉得放手让他去干，反而可以争取他，所以我认为我个人的做法不是犯大忌，因为我够大胆才放手让他下去干。如果说有些人有才能没有发挥，是自己没有展现

出来。所以，恰恰相反，我不是"疑人不用"而是

用人不疑，疑人敢用！

再则，我觉得我拥有很多人，不是没有，只是你不知道这其中的奥妙而已，记住：天生你才被我用！

员工： 你认为什么样的人才是人才呢？

总裁：

创造＋悟性＝人才！

员工： 张总，毛主席评价人才的标准是"德才兼备"，您膝下也有不少的人才，请问张总，您是看重"才"，还是看重"德"，还是"德才兼备"？人才是企业发展的根本，是企业参与竞争的动力，您认为什么样的人是千里马公司的人才？您将用什么样的方法留住人才？

总裁： 你每天走进公司大楼时，难道没看见墙上的第一句话吗？请听：

制度第一，人才第二。

我用人才不拘一格，也不屈一格。是才固然可要，但有才无德不如不要。

一个公司的发展战略最重要是人才战略，所谓十年树木，百年树人，说的就是这个道理。

我曾经强调过的，我们公司将来需要很多的总经理，我希望我尽早的当一个退休员工，一个人做总经理实在是太累，而且对公司发展不利。具有很多方面的总经理，这才是企业的需要。所以说，

企业战略就是人才战略。

员工：请问张总对"年年岁岁景相似，岁岁年年人不同"这句话有何感受？您能分析一下一个公司"人来人往"的原因吗？

总裁：我觉得在目前中国各种体制格局尚无定论的情况下，"岁岁年年人不同"没什么不好！

有不断的新思想、新血液进入一个公司，有不断淘汰的不适合我们公司节奏的"黄叶落花"，我觉得这不会影响我们公司，至少不会影响我，我不认为是一种不好的局面。

目前的私营企业是风险企业，而目前绝大多数就业者是国企"下海"而来，你"下海"本身就是一种风险，而你已经冒了，后悔也没用。

当然，你"下海"后选择的空间更大了，作为一个企业的老板，留住人才当然是首要职责，但若留不住，也没有理由去拴住一个人。谁交辞职报告，我都不作过多的挽留，你干就干，所以

跟我递报告时要慎重，我不怕人走，因为我是没有办法控制的。

如果乞求一个员工勉强留下来，只能给公司带来危害。再说，我很推崇一个道理：

人才属于社会！

员工： 请问张总，你如何看待第二职业？具体地说，假若你的员工在外兼职，你将如何处理？

总裁： 我们公司的员工不允许在外面兼职打工，也就是说不要兼第二职业。

如果你觉得我们公司在哪方面对你不适合，可以提出来，也可以离开我们公司，但在我们公司不可以身兼数职，我不允许。过去我们公司有这种情况，我就辞退了他。

员工： 那你如何给兼职下一个定义？

总裁： 在外兼职，广东话叫"炒鱿"，大部分人认为这是一个不明智的选择；这是一个不光彩的选择；是一个对自己的"主子"不忠诚的选择；这是一个看不清前景，目光短浅的选择；这是一个自杀人格、品德的选择。而最终这也是他可能失去一切的选择，全世界都无人聘他。

当然，这种"炒鱿"者的定义应该是局限在竞争企业范围之内的定义，其他意义的"炒鱿"除外。

员工： 我现在想请总裁下第二个定义：你和你的公司怎样看

待员工跳槽现象？是正视？高度重视？还是抱着一种一走了之的态度？

总裁：员工跳槽的原因千差万别，不可避免，人才流动也是社会进步的一种表现。但我们必须将员工跳槽控制在一个适当的限度之内。

一般来讲，我把员工跳槽的警戒线定在四分之一，如果员工年跳槽率超过四分之一，说明公司人事管理出现严重问题。

作为部门管理者，不一定关注每个跳槽个案，但必须密切关注跳槽率是否超出警戒状态。如果跳槽率超过警戒线，就说明该部门或公司出现员工管理的非正常状态，必须采取相应对策。

有些员工跳槽能产生直接损失，如带走客户、携款潜逃；有些业务员跳槽虽然没有产生直接损失，但对营销活动产生极大的负面影响。

员工：员工跳槽能给企业带来什么直接影响？

总裁：首先，企业为培养一名合格员工所付出的投入付之东流。

这些投入包括培训时间、精力和培训费，员工进入市场初期的各项花销，为员工支付的与业绩不相称的报酬、福利。员工进入企业6个月以内，企业对员工的投入通常高于员工推销所获得的收益，这一阶段是企业的投入期。如果员工在投入期前跳槽，意味着培训投入的完全丧失。

而且，一些员工跳槽可能带走现金和货物，如果依法追查，将付出宝贵的时间、精力、人力和费用；如果不予追查，又将造成直接损失和负面影响。当带走的现金和货物数量不大时，企业为了省事，大多数采取听之任之的"鸵鸟政策"，但这更助长了员工的不良行为。

我不这样做，我一定要穷追到底！为什么？管理！因此，我在公司有一句话，也是原则：用十万元打一元的官司！

员工：你认为员工跳槽的主要原因是什么呢？

总裁：1. 待遇问题；2. 发展问题；3. 环境问题。

员工：如何留住人才呢？

总裁：解决好这三个问题就基本上能稳住人才。

员工：你有什么具体措施呢？

总裁：1. 确定薪酬或薪酬中底薪与浮动部分的合理比例，让员工有安全感和归属感。

2. 注重企业的战略规划，让员工看到企业远大的目标与美好的前景，吸引员工主动放弃个人短期利益，与企业共同发展。

3. 注重企业文化建设，塑造宽松的人文环境。

4. 实施员工的职业生涯规划和人才储备制度，不断为员工设置更高的奋斗目标。

当然，可以说不管是哪一位员工，每走一个，我的心就蹦一次。

员工：你是紧张呢？还是轻松呢？

总裁：是矛盾。

员工：何矛何盾？

总裁：对于员工的培养我愿意毫无保留地付出，这是矛；对于员工的出走我为自己的付出顷刻间付之东流而感到沮丧，这是盾。而这种矛、盾我又永远都必须让他存在，存在总有一线希望呀！这就是矛盾。

我觉得我们公司立足点在培养人才，这是我们的做法。

有些人各个方面都培养得差不多了，却走了；有些人正在走向正轨，走向成熟，却以为学到手了，又走了。

其实，每一个呆了一段时间且了解我们公司的人跳槽对我们都不利。别的公司为竞争市场使出的各种手段，我还没有这样用过。

但每走一位员工，我的心都要跳一次，筋要抽一次，只不过幅度不一样而已。

私营企业的原则是：顺我者留，逆我者走!

员工：作为一个部门经理怎么样关心部门员工，共同把工作搞好？对于以权整人的干部公司将采取什么样的措施加以约束？

总裁：这个问题你应该是对二级以上经理提出来的。在千里马公司，在人格上，干部、员工、还有我，都是平等的，如果谁以权整人，尤其是公报私仇，那我就先整他。

部门经理是职能部门具有强大功能的领导者，他的一言一行直接影响到公司的命运，这个人选好了，他能成为上传下达的实际执行者，公司便如虎添翼；选糟了，他会成为一座欺上瞒下的桥梁，会把公司毁于一旦的。

员工：千里马日行千里，与众不同才谓之"千里马"，如果将千里马圈养在家里，整日无所事事，那么千里马也就无所谓千里马了，只不过是匹废马，我想伯乐相马的目的不是将其养在家里吧？换而言之，如果伯乐用其千里马同时又不给其足够的"饲料"，即"又想马儿长得好，又想马儿不吃草"，那又怎么可能呢？公司员工可以待在家里，吹吹空调，看看书，中午享受一顿免费膳食，总经理不在家，可以聊聊天，到点即下班，工资到时照拿，岂不快哉？反之，员工为了办事东跑西奔，为了公司的产品，为了公司的效益，出了身汗，一心为公司办事，可到头来市内交通费用去了工资的全部还有余，回公司又不能报销，想起此事真伤心，教我如何是好。请问张总如何解释这种现象？

总裁：不无道理，提出的问题也是存在的，我们不能把马儿都圈养在家里，但是，在家吹吹空调，看看书，到点去吃饭，这不仅是对公司不负责任，也是对自己的良心不负责任，我想这些员工趁总经理不在家里聊天，是把总经理以下的副总经理、部门经理没放在眼里，那么我就提醒总经理以下的所有干部，听了这个问题以后扪心自问，自己考虑一下自己的工作是怎么做的。

这种现象的存在，从干部来讲无非说明两点：第一，干部本身不能以身作则，没有威信；第二，干部本身无能力，员工瞧不起。此时，公司必须重新考虑用人问题。另外，从员工来讲也说明两点：第一，公司有可能误招了一批国企油工；第二，年轻、没有实际工作经验的员工过多。

员工：那你面对这种局面打算如何处理？

总裁：第一，毫不犹豫地将"油工"铲除；第二，毫不犹豫地将无工作经验的员工降薪并送进公司培训基地学习，但对于心态不好的无经验员工连学习培训的机会都不给，直接辞退！

员工：难道你一点人道主义都不讲吗？

总裁：人道主义是对"人道"而言，上述两种人根本不存在"人道"问题，那还有什么"主义"而言呢？

员工：那你岂不是将他们交给了社会，让他们成为社会承担的一个社会问题吗？

总裁：不对！

员工：不对？难道你不是在推卸社会责任吗？

总裁：社会问题的最终归宿仍然是社会，千里马公司也是社会的一分子，所以，把他交给社会不等于把社会责任推给社会。

员工：你的意思是说，你把他们推向社会的同时你也在赡养他们？

总裁：是谁赡养不重要，关键是他们能否符合政府救济的领用条件。

员工：你愿意慈善他们吗？

总裁：没有价值的慈善我永远不为！

员工：你刚才不是说你也承担有社会义务吗？

总裁：我们是纳税人。

员工：你还是在含糊对"社会"、"责任"的理解，请你清楚地、毫不隐讳地回答。

总裁：可以呀，一个类型的人构不成一个社会，各种成分和类型的人的存在才构成了当代社会。

失业和就业、饥饿和温饱、贫穷和富有，都是社会并列存在的因子，文明同时包含了饥饿，富有实际掩盖着贫穷，这就是社会；将这些包罗万象的社会内容进行调整处理，就是在承担社会责任。

员工：OK!

（现场掌声）。

总裁：很多员工反映，不少员工在我们公司只是短期观念，有些员工考虑的是眼下我能拿多少钱，当然这也是实际问题。

但是真正对公司前途的设计，对自己前途的设计有多少？我想很多人还没有这方面的认识。我觉得这是一个人的进展过程，是基本的素质。最近一个时期，我们的公司走了一些人，有一些人给我写了信、留了条，但有一些人连声招呼都没有，甚至有些人走时还带走了一帮人，这是一种不道德的行为。

虽然我没有理由去阻止你把别人带走，但我不怕走人，我坚持我的观点：你在公司一天，公司的规章制度就对你约束一天。

如果因为其他的原因或员工之间的原因阻碍了你，让你不好在这里发展而走了，我也只能表示惋惜。但是如果是这种情况，干部和员工都应该反思。

　　员工：公司每次放的广告，都有许多人没有看到，这是员工个人不关心公司广告的原因，还是电视台播出时间原因？

　　总裁：每天早上签到的时候，点一名员工，问他昨天看广告了没有，不仅要看广告，还要问他前面一条是什么，后面一条是什么，如果说没有，罚！你既然不关心自己的前途，就应该拿出点钱来，弥补公司的损失。

　　不关心自己公司的命运就是否认自己在该公司的价值。

第 **9** 辩

抓住每一个
展示才华的机会

1995 年 12 月 28 日

员工：一个人的成功，是个人努力因素多，还是机遇的成分多？

总裁：机遇对一个人来说确实很重要，但能把握机遇尤为重要，我始终认为要靠自己的努力，努力了，机遇也会多些，机遇有时是靠自己创造的，而且也靠自己来完善，但终究是工夫不负有心人！

员工：本公司员工都十分年轻，是否可以认为公司对年轻人的发展十分重视，或者说"年轻"本身是公司的一种财富呢？

总裁：年轻对一个人来说是财富，谁都向往年轻，但是我认为真正的年轻不在于年龄上，而在于思维，在于心上，你人老心不老，同样是年轻。但如果你有年轻的外表，没有年轻的灵魂，那只是空有一副年轻的躯壳，没有灵魂的肉体活着只是一副躯壳；一个有灵魂的人虽然肉体死了，但他却永远活着！

员工： 在不影响公司机密的前提下，是否可以将公司新产品的营销计划对业务员进行公开？

总裁： 这次"巴参"行动的内幕暂不宜公开，但我提醒公司的每一位员工，11 天后留意这次行动，可以学到很多东西。

员工： 作为一个省总（省总经理），应如何做好本职工作？

总裁： 对企业素质的要求是多方面的，当然，对老板的素质要求是第一位的。

对于员工尤其是干部要求会更高，比如，大家在实施的过程当中，要学会做工作底稿、工作日记。公司的要求是三级总经理工作日记圆满、完善，这是督察条例里面最重要的两个环节中的一个。督察条例里面有两个内容是核心内容，一个是财务工作底稿，包括财务每天的工作日记、公司每天的文件、合同、任何东西。这也是督察条例里最严格督察的内容。另一个是总经理工作底稿。县、地市级经理、省总的工作日记是给总部抽查的，县、地市级经理是给省级经理抽查的。

督察管理里面对这三级日记都有明确的考核标准，而且这些日记必须备案，所以，千里马公司的管理是至上而下的，这种管理尤其是对前期市场有巨大的约束力，甚至对市场的开发有一定的约束力，形成一定的障碍。

不要怕！在开发市场的前期，公司有另外的规定，特事特办，可以通过营销总部采取特殊措施，大家必须有这个概念，先要把"法"学会，"法"就是制度，然后，再放开。

所以，在放开的时候，要掌握这些情况。节源开流，内松外紧，制度是人制定的，也要靠人去实施，灵活掌握它就行了，关键是看这个老板怎么样去判断。今天我已表了态，公司的管理对于破坏者而言，具有约束力，没有破坏的人，根本不会违反这些原则。

员工：如果我有才华，而你根本不知道，怎么办？

总裁：应以自我发挥为主，不要放过任何一个细节而充分发挥自己，这就是现代市场观念。不要把展示才华的机会给老板一个人，要抓住每一个展示才华的机会。

许多发达国家如日本，都以做一个员工为荣，而不愿意做老板，那太累，还有很多责任。

一个员工最重要的是要让你的上司了解你的才能。

抓住每一个展示才华的机会就是教你把握机会展示自己的才能。很多人说成功等于能力加机会，而又老抱怨自己没有机会。其实，机会无时无刻不在你的身边存在，只是你自己不会把握、运用而已。

什么是机会？你不要以为能见到总统就是机会，机会是从许许多多的细节表现出来的。

比如，一个会议的发言，你要充分抢到发言的机会，并用最短的时间、最精炼的语言表达最精确的意见。

再如，一个朋友或客户的聚餐、约会、宴请，你也要充分利用这种机会展示自己的才华。因为这种时候大家并不是为了吃而吃，是为了一种增进了解的机会而布局，所谓醉翁之意不在酒。因为这是一种轻松时刻的布局，所以，你对工作上的事情要尽量轻描淡写，但绝不可以冷场，哪怕你是被老板或朋友邀请列席，你也要认识到他的极其重要性，你想想，为什么要你参加？一定有其道理。

如果是朋友邀请，那他一定是想让其他朋友知道他交的是什么档次的朋友，如果你一句话都没有，那别人会认为你的朋友交了一个档次不高的朋友。

如果是安排客户陪老板出席，更要注意，这可能是客户考察你公司团队人才的关键时刻，因为你就是团队的代表哇，如果你一句话都没有，试想对方会如何看待你、你的老板和你的公司呢？他会认为：这个公司就一个人做事，这个人就是老板。

那么，众所周知，一个人怎么能做事呢？于是，客户就不会和你公司合作了，那这件事情不就是你做砸了吗？你这样会害人的。

如果是老板或上司邀请，那就更要注意了。

你可能会认为，你不便多说话，还怕说错话，其实不对，你应该多说话，哪怕是天南海北，或者是就事论事，谈谈正在进行的饮食呀，餐馆的由来呀，这道菜如何，产之何地呀，出自何厨呀，等等，怎么会没话说呢？此时尽管去发挥你的水平吧，越超过老板越好，不要轻浮就行，那你就帮了老板大忙了，你显示才华的机会就把握住了，老板或上司可能都会对你刮目相看。要记住：推销产品首先要学会推销自己！

还有，哪怕是一个陌生人的偶尔相遇也要好好把握，也许它可能就是影响你一生的人。

把握机会就是把握命运！

员工：展示自己是一方面，但公司对员工的培训也是义务呀，请问公司在这方面有哪些措施？

总裁：新聘员工的培训我们是从公司的"理念"开始到"形象"结束。《千里马管理法》、《营销法》、《总裁答辩日》是我们公司战无不胜的"三大法宝"，也是我们对员工实质性培训的蓝本，大家要好好读。

员工：公司有个别人无所事事且不听从安排，公司是否考虑过将其除名？若张总难以割舍，是否可以考虑给其薪水，而不让其到公司上班，以免影响他人，破坏公司工作环境。要是公司不愿对这些人发薪，也可以动员员工捐款。

总裁：你这是在批评我，但是你不要把我想得那么心软，我们要对员工进行考核，即使他没有违反任何规章制度，但是如果没有任何业绩，同样辞退，同样要解聘。

员工：星期日、节假日加班，有无补助？

总裁：在国家规定的基础上再上浮。

员工：我们每位员工自身的发展跟公司的发展有何区别？

总裁：很重要！一个公司的发展往往可以左右个人的发展，一个人的发展往往又可以左右一个公司。内因、外因的作用是相互制约的。如果你希望尽快了解我们公司，你就应该首先确定自己的前途。

作为一个单一的人来讲，他不论生存在哪一种环境，最好是不要太受环境的影响。确定自己的前途，首先应从自身的条件出发，我适合于哪方面的发展？我适合于做哪方面的工作？是做具体的业务，还是做管理或其他呢？

先多多考虑自己，然后再来考虑这个地方、这个环境、这个公司能不能适合你的发展！

一般来说，你若有才能，在我们公司埋没不了，千里马不允许埋没人才。所以，你的升职决定于你的管理能力，关于这方面，去年9月20日在走廊里一块干了那杯香槟酒的人，一定还记得当时我说的一句话：千里马属于大家！

第 *10* 辩

最方便的消费
才是最好的销售

1996 年 3 月 28 日

员工：目前市场上的零售产品的价格不太一致，如果市场价格一乱，最终的受害者将是本公司，这一现象将如何处理和解决？

总裁：价格不能乱，我们控制在一个行为规范内运转就不会出问题。至于目前的圣安垫的价格，除了原材料的增长因素外，目前价格过高是制约。关键是我们的业务员首先克服自身的障碍，不要让别人一说到你的弱点，你马上就感觉到自卑。销售员首先要学会克服自身障碍，然后去攻克销售障碍。

如果你缺一只手，感觉在别人面前抬不起头来，这一辈子就委曲求全了。你何不干脆告诉他我没有这只手，但是我另外一只手照样可以干的。

你首先得克服自身的障碍，这一关要过来。如果包装颜色不好，他说黄色好，你要说黄色看上去像得肝炎病并不好，要马上攻破他，然后要说出你的好，好在哪里还要讲出道理，这样你首先把自身的障碍克服掉了。

要善于找出别人的弱点，然后去攻击他，但回头自己又要刻苦地把自己的弱点改进，最终就能取胜！要学会：

人前扬长，人后补短。

员工：请张总解释一下下列名词：广告导向、广告定位、企业理念、市场定位。

总裁：这四个名词说起来可能大家都熟悉，要是具体回答它，不是很容易，理解他就更不容易，每个理论家都有他的高见。

关于企业理念，我认为：

企业理念就是一种企业的哲学和指令的总和。

这种哲学作为一种企业的道德怎么把它规范化，简单地说就是这样。

企业使命一般是根据社会的使命来制定自己的纲领，社会需要我们完成什么，需要什么样的产品，这样就诞生了我们的企业理念，这两者中除包含了道德外还有针对社会的使命去规定我们的生存。

市场定位简单地讲就是企业的产品在消费群体分布中的准确位置，并证实得到确认。同时，用销售环境来讲就是说：这个市场的销售达到一定的水平，可以稳步地上升，那么这个市场就定位了。

广告定位是指把某一产品的性能具体、准确地确定在某一个消费层面。很多广告说了半天，是什么东西别人还不知道，就是因为没有准确地导出这个产品的主要功能。

广告导向即指导消费。那么为什么要请文稿人员来解释呢？文稿人员要深入学习，并且运用广告导向，比方说我们的圣安垫，我们刚开始宣传的是"自始痔终"，接着，"一坐了痔"，目前我们宣传的对象是司机，我们目前的宣传在市场上已经有一定的知名度了，但是，消费是否跟上来，要靠广告导向。我们的产品定位是非常准确的：治痔疮 92％的治愈率，治便秘 100％的治愈率。你广告导向这里没有？ 15 分钟可以解决便秘你导向了没有？我们这种面料是楚文化的，是我们国家的文化精华你导向了没有？那黄鹤楼的图案是什么意思？为什么一边一个黄鹤楼，为什么有白云，有黄鹤？什么叫黄鹤归来，你背不背得下来崔颢关于黄鹤楼的那首诗？晴川沥沥什么意思？鹦鹉洲在哪里？你若知道就可以导向，可以引起消费者极大的兴趣，这就是广告，那么你不具备这么多的知识你怎么去导向？怎么去指导消费？更不用谈煽动购买了。

广告导向到底有何种意义，我接触了很多企业的高层人物，谈到我们的圣安垫，没有一个不称"绝"的。他们首先感觉到我们这个产品定位非常准确，因为没有人能想出搞楚文化的面料。再说我们的销售队伍，首先要克服自身障碍，如果你是一位年轻的女性，拿着一个圣安垫向痔疮患者推销的时候，你有没有一种心理障碍？你有没有感到因为这是一种治疗肛肠病奇药而不好意思向别人开口？如果有，就是障碍。这种病的患病率是很高的。根据病理资料表明，二十多岁以上的女性大都患有痔疮病，也就是说痔疮病女性患者比男性患者多得多。吃辣椒较多是一个原因，生了小孩的少妇一般都有。我们应该以我们拥有这种全球最好的治疗痔疮的坐垫，拥有优美的楚文化面料感到自豪。

员工："顾客永远是对的，顾客是上帝"被商场誉为名言，请问总裁，你同意吗？为什么？

总裁：同意，只要有顾客不满意，你就是失败的。

员工：福特公司创始人福特先生有这样一句话：我生产汽车，那么起码就该让我的员工买得起汽车。本公司的巴参，如果一个消费者坚持每天服用，那么一个月就得近200元的消费，而医疗保健在总收入中的比例最多只占10％，这就是说一个消费者，仅仅是服用巴参不再服用任何别的医疗药品（包括发烧等小病），一个月应有的收入不得低于2000元，请问根据目前中国人的收入情况，产品能够畅销吗？

总裁：你的分析不准确，买一辆较好的新汽车在美国需2万美元左右，而你买一辆二手车，只需要几百美元。那么我问你，现在美国人均年收入是多少？他是买新车还是买旧车？要分析福特说话的环境。反之，如果员工都买得起车了，福特车就畅销了吗？

分析消费接受心理不仅仅是分析消费者的收入，还要分析消费者的需求。

我希望员工在专业技能上能有长进，努力提高语言沟通能力，善于用耳朵去听客户、消费者意见，捕捉信息，善于说服对方。

另外要求每一个业务员是很好的战斗兵，能够捕捉到瞬间的战机，能随机搞一个轰轰烈烈的小活动，如即兴演讲等。

我们的销售政策是死的，而人是活的，但要坚持原则性和灵

活性相结合。

由于消费者的成熟，我们的环节会增多，我们要通过各种各样的途径去影响我们的消费者，使我们成功的可能性更大，这就需要大家通力合作来共同完成一项销售推广任务，相互之间的协调性就显得特别重要。有时会因整体需要而牺牲个人利益，所以你们要注意轻重缓急。

公司要寻找一种不仅快速发展而且稳健发展的途径，因此每一个经理在处理日常事务中要注意轻重缓急，我们广告的可信度和可靠度应放在重要的位置。

由于大量广告在媒体上宣传，消费者往往对媒体有抵触情绪，所以，我们的广告既要能快速地被消费者接受，又要有长期占有消费者心理位置的策略。由于我们是一种长期的战略，我们从一开始就应想到这一点。

具体在操作上，我要求变消极的销售为积极的销售，现在每个代表可随时随地搞一个演讲，把我们成功的经验告诉当地的消费者，将潜在的消费人群找到，而不是通过简单地发传单。这会很辛苦，但我想长期艰苦努力会有回报。

员工（广告公司高翔）： 为什么要广泛铺开市场而不重点找几个大商场、药店？

总裁： 当然要有的放矢，重点突破，但你不可能让所有消费者都集中到一个柜台消费，现代消费观念只能是给予消费者最方便的消费。

所以，销售的第一要素是卖场（Place）！只要有人群的地方就要有卖场，简单地说，只要有人群的地方就要铺货！这是我永远也不会改变的观点，请你们永远记住，也要永远执行！

至于你刚才说的重点商场和药店的问题当然不会忽视，漫天铺货和重点突破是不矛盾的，抓主要矛盾但不放弃次要矛盾，次要矛盾让它自然发展，一段时间后次要矛盾有可能上升为主要矛盾。

总之，我们的销售重点考虑的问题是如何让消费者得到最方便的消费，包括包装、剂型、服用方法、卖场、价格、功效、疗程、售后服务等问题，都是围绕消费者心态而不断改进的。所以说，

最方便的消费才是最好的销售。

员工：行政人员在总部上班都可免费用餐，但在外跑业务的人员用餐不稳定，都想回公司吃好点，这样会造成工作时间的流失和效率的降低，怎么办？

（大家笑声）

总裁：公司人员工资基本构成：基础工资＋奖金，补助在奖金里，我会通过奖金对你的成绩进行认可。在任何公司打工，员工只要掌握一个原则：只要认真干，老板一定不会亏待你的。这句话要切记！而行政人员虽然"吃"得稳定点，但收入空间比业

务人员小多了。

业务员的工作场所主要在外面，但由于回公司可以"吃好点"，所以导致许多跑外勤业务的中午都跑回公司吃午餐，吃完午餐后再在办公室一折腾，事实上一天在外跑业务的时间没几个小时。

鉴于此，公司总务部对食堂用餐的管理制度作了最新修改：凡坐班以外的业务人员用餐一律自费，而且不再做额外补贴。

员工：希望尽快改善通讯运输设备。

总裁：BP机、手机是个人的基本生活工具，公司不配，但市内服务费可以报销，长途业务费实报。货运车不配，让运输公司去赚吧，至于个人小车，我有一个奖励计划，但现在讲出来为时过早。

员工：办公桌旁为什么只有废纸篓，没痰盂？

总裁：请用卫生纸接住吐痰。

员工：为什么公司不许用茶叶？

总裁：防止管道被堵塞；清洁环境；消灭"品茶读报"习气。

员工：外来客人怎么办？

总裁：和我们一样"享受"纯净水。

员工：如果他不要呢？

总裁：送杯咖啡。

员工：他不喝咖啡呢？

总裁：献上"千里马可乐"。

（掌声）

员工：假若他连我们的千里马可乐都不要呢？

总裁：那他是不尊重我，因为"千里马可乐"是我们自己的产品，是我的个人发明专利，它代表中国千里马公司的尊严，你现在可以把他列为我们不欢迎的"客人"，请他离开公司，茶叶是永远没有的！

（众笑，继而掌声）

员工：我为千里马前途感到担忧，就目前而言，一个单一的"圣安垫"销售情况并不能持续良好；另一方面，新产品"巴参"可能会在竞争激烈的情况下出笼，公司应该考虑如何改变这种不利局面？

总裁：大家真正为我们千里马前途担忧，我们就有希望了。

我们是一个刚开业不久的公司，"圣安垫"只是第一个产品，我们已经开始研制新的系列产品，几年后我们将有源源不断的新产品面世。

再则，销售是一个系统工程，有一个市场行为的过程。圣安垫的前途我认为是非常好的，对此我充满了信心。因为我不管走到哪里，对我们的"圣安垫"产品电视广告有口皆碑，如：

"圣安垫提醒市民——打麻将易患痔疮"、"圣安垫—— 一坐了痔"、"圣安垫——不打针、不吃药、不手术、无痛苦，一坐了痔"等。

外商也好，内商也好，对我们的产品都有浓厚的兴趣，圣安垫最大的特点是，能够马上见功效，是目前世界上最简单的痔疮治疗方法。

至于"巴参"问题是我们公司考虑后续开发跟上产品最多的一个问题。我们的员工要克服自身障碍，首先对自己的产品要树立信心。

员工："巴参"到底是什么意思？

总裁：仅从字面来讲，你能理解一些出来吗？

员工：不能。

总裁：你一点理解都没有，那我向你解释了你也不懂，不如以后等你有些基础后我再解释。我只是先告诉你一些意义："巴参"是一个超凡的名字，是一种理念，一种精神，一种文化，她充满了营销哲理。

员工：既然这么有魅力，还是现在就解释给我们听吧！

总裁：这涉及"巴参"产品战略机密问题，现在不能讲。我只告诉大家一点：仅"巴参"二字就可以写一本书，我现在只告诉大家："巴参"不是一种植物，"巴参"是个注册商标，也是一种文化。

员工：是企划文案还是小说？

总裁：企划小说只是整个战略的一部分，写这样的作品需要时间，不过有一点可以告诉大家——我的任何作品都不会跟别人一样。

员工：如果是企划小说那这就是营销领域的创举。总裁，我比你年长，我也是中文系的高材生，而我的口才这么不如你，想必张总的出生及阅历有许多不凡之处吧？

总裁：想知道吗？

大家齐声喊：想！

总裁：那我告诉你们：好汉不提当年勇。

大家起哄：不行，要讲，我们要听。

总裁：好，我讲，我一定讲，不过不是现在。

员工：巴参上市后，公司员工能否优惠？怎么办手续？

总裁：本公司员工购买本公司产品一律在零售价的基础上 7 折，而且要限量。

员工：能否再多折扣一些？

总裁：经销商和消费者不答应。

员工：机房空气太差，工作时间久后，工作人员身体受不了，对机器也有一定影响，能否买一台负离子发生器？

总裁（幽默地）：当负离子发生器安好时，你会发生正离子气流病。（众笑）

第 *11* 辩

媒体是水，
老板是舟

1996 年 10 月 28 日

员工：请问张总，我们应该如何进一步树立千里马公司的形象，从而达到内求团结，外求发展的目的？

总裁：利用媒体、广告体现我们的企业精神，体现我们的产品内质，体现我们的精神面貌。我知道，广告公司许多人对我有意见，因为广告公司很多创意被我枪毙。我是想提高你的水平，但是绝对不是过分地追求那种创意，而忽视了消费。

我们现在已经制定了两个固定的日子，29 日是广告检讨日，15 日是促销反省日。前者防止广告后劲不足，防止广告一轰而上；后者是防止广告上去了，促销跟不上，没有促销手段。

员工：公司有些大型活动为什么没有邀请新闻单位参加？这些事情具体是由谁负责的？

总裁：主管宣传的副总负责。大型活动有时宜冷处理，不宜过热，因为这是敏感问题。

员工： "巴参"上市在即，您是否考虑过通过新闻媒体介绍公司的发展历程？这样有利于树立公司形象。

　　总裁： 公司成立还不到一年，千里马的经历目前还很简单，昨天晚上我们策划了一版报纸——《晨报》，这张报纸全国都有。全版、彩版，上面有些文字，大家可以看一看，品一品里面的广告做法是怎样的。

　　员工： 您觉得"巴参"上市的前景是否乐观？它能不能在众多的保健品中独树一帜？

　　总裁： 从 1987 年开始至今，保健品市场竞争的程度大家都清楚，但我觉得一个产品的上市不在于有多少同类产品在市场，也不在于有多少个竞争对手，而是在于你以什么样的形式销售，以什么样的手法参与竞争。

　　员工： 如果说（当然也是我的期望）"巴参"上市成功，这将是我们公司将科技成果转化成商品，并推向市场的又一个成功的范例，然而企业只有不断地发展和延伸才能保持永生。您是否想过在不久的将来公司将再次把"巴参"系列保健新产品源源不断地推向市场，这样，企业才能在竞争中立于不败之地，走在同行业的前列？

　　总裁： 我们一方面创造，一方面积累，能不能走到市场的前列，完全靠每一个人的努力，我们"圣安垫"受到消费者的欢迎就是例证。

　　员工（市场部）： 您能否告之，"巴参"上市到底有多少胜算率？

　　总裁：我想现在很难说，我们的"巴参"上市后，只能是往纵深方向发展，我想"巴参"系列也好，"圣安垫"也好，我们既然做就要做下去，我对胜利的最后胜算，几年前就算过了。

　　这一次有人说公司把全部赌注要压在"巴参"身上，这是错误的想法，我们公司的投入怎么投？我会全神关注，贸易公司、广告公司也在做，我只是尽我心，尽我的能力去做。

　　员工：目前销售公司的政策是否不太灵活？

　　总裁：这个看怎么讲，我觉得给予部门的政策太灵活了，根本就不死，关键是你会不会运用，你用活了没有。你应该考虑的是这件事做下去对公司是否有利，是否符合老板的要求，是否符合老板的意愿。

　　员工：作为销售总经理，您对假日营销有何看法？

千里马产品大型促销现场

总裁： 假日营销活动是我最头疼的。

我觉得我们公司老把促销理解成站在街上发传单。发传单是促销的一个内容，促销其实有很多内容，那取决于我们干部的素质。关于销售策略方面你学到了十分之一，百分之一都不错了。这里面的促销手段太多了，但要把促销理解成发传单，水平怎么样去提高？不知道怎样深入消费者，深入机关厂矿，深入各种媒体，深入街头、码头、车站、公共场所，搞一些新段子，就不具备一个市场人员的素质。

我昨天还在考虑去年国庆节我们搞了活动，今年的国庆节怎么搞。我们可能一个星期天做的工作比一个星期做的工作都要有意义。

员工： 无论是"圣安垫"，还是"巴参"，在市场上都有很多同类产品，竞争相当激烈，如何提高产品的竞争能力，以提高市场占有率？

总裁： 找出自己的定位就是提高竞争力。

员工： 听说张总定下了一个规矩：三年不见记者。有此事吗？

总裁： 有。

员工： 我是企划部的企划员，凭我的职业直觉，企业老板不见记者，只有在两种情况下成立：1. 企业亏损；2. 花边新闻。请问你是属于哪一种？

总裁： 两种都不是。

员工：那是什么？

总裁：一个企业效益好要做广告，效益不好更应该宣传鼓劲。我说的三年不见记者，仅仅是指我个人不在媒体曝光宣传而已，是指在我创业的前三年不在媒体作个人宣传。

员工：企业老板不在媒体宣传，如何树立公司的社会地位？

总裁：不错，公司的地位需要老板的地位，但是，别忘了，水能载舟，也能覆舟，对我而言：

舟就是老板，水就是媒体。

媒体是一个载体，运用得不好，这个载体就会成为一个无声的杀手，将老板扼杀在摇篮中。

三年的时间，公司不可能发展很大，过多地宣传老板会让老板在商场上"早逝"，所以，我作了一个策划，不如这样（故弄玄虚地）：用三年的时间将老板"打包"藏起来，让社会去猜测谁是这个公司的老板？这个老板长什么样？让老板在他们心中形成一种悬念，然后"一鸣惊人"。

员工：那么三年之后你打算如何面对媒体呢？

总裁：满三年之后你就知道了，敬请关注吧。

员工：但我们想知道一个老板是如何利用媒体的，你不是说"总裁答辩日"是畅所欲言日吗？是"肆无忌惮"日吗？为何现在又不讲呢？

总裁：好吧，我只讲我的观点，我认为一个老板在三种情况下能见媒体：创投时、实现时、失落时。

所谓"创投时"包括公司的开业和一个项目的开始，这时候你第一个需求是希望社会尽快地知道你，以便在最短的时间树立商业信誉和品牌，从而用最短的时间赢来最多的客户。这时期也是你品牌积累的开始，所以，你需要见媒体。当然你要把握宣传的尺度，你的侧重点是在企业还是个人，取决于你对公司未来战略的计划。所以，我刚才说我三年不见记者并不代表公司不宣传，而是一种未来策略。

所谓"实现时"是针对公司某一阶段的成功或某一项目的实现而言。大家都知道，胜败乃兵家常事，没有常胜将军，公司也一样呀！所以，你应该把握你成功时瞬间的辉煌，要让大家了解你有成功的能力，你有成功的案例，你也有做成一件事的经验，同时也让社会共享了你成功的经验。

所谓"失落时"就容易懂了。刚才说了没有常胜将军，胜败乃兵家常事，公司的发展过程也就是潮涨潮落的过程，但为什么越是处于劣势低潮时越要见媒体呢？其实很简单，这时候你需要社会的力量。虽然"穷就要挨打"，但毕竟你是曾经辉煌过的，同情、理解好过挨打；只要把握好宣传尺度，扬长避短、避实击虚，你就有咸鱼翻身的机会，至少在短期内维护企业的稳定是没有问题的。再说，如果你一旦渡过困难期，再次做到了咸鱼翻身，这段历史将成为你最好最大的资本、无形资产，若你下次再遇到困难，各方因素与前一次就大不一样，可能对你解决问题就有利多了。所以，不要怕失败，就怕你驾驭不了"失落"。

当然，以上三种见媒体的方式都要酌情而定，尤其要小心操作，有时一字之差反而葬送了企业，这案例实在太多了。但总的来讲在这三种情形下见媒体仍然是必要的，即：

老板见媒体的三种最佳时间：创投时、实现时、失落时。

老板在以下三种情况下不能见媒体：风光时、重组时、委屈时。

所谓"风光时"就不用解释了，越是风光时期越要注意低调。

所谓"重组时"是讲企业发展壮大时并入新的、大的战略伙伴或股东。如果还未重组成功，一切事宜还未定夺就见媒体，把握不准很容易伤害战略伙伴或引起战略伙伴的反感，造成重组失败，因为这时候的企业结构发生了变化，过去是"老子"天下，而现在不同了，大家基本上都是平等的，即使还让你当老大，也是重组完成以后的事情。

所谓"委屈时"是指某项目受阻或造成损失企业或老板受到极大委屈、有理无处申时。与上面说的"失落时"概念不同，这时候如果见媒体很容易暴露对国家政策、领导人、客户等的不满情绪，假若在媒体上喊冤，不仅无济于事，反而会遭到更大伤害，对方可能会为你制造更大的障碍，甚至进一步报复你。即使是政府、社会也可能对你产生反感从而不再"缠"你。这时候，你应该尽量避开媒体，然后通过其他途径本着友好协商的态度去处理。处理不成，那就要提得起、放得下。这就是我前面说过的"放弃"的含义，留得青山在，不怕没柴烧！

所以，我们应该理解了：

老板不能见媒体的三种时间：风光时、重组时、委屈时。

员工：请问张总下一阶段媒介的选择是偏重电视还是报纸，或者同等视之？

总裁：天上电视拉动、地下户外辅助。以下理解不难看出分配的比例：

电视是拉动市场的总绳；

户外是常年形象的丰碑；

报纸是优势兵力的突破；

传单是深入人心的乳汁。

第 *12* 辩

塑造个人魅力下的凝聚力

1996 年 12 月 28 日

员工：对于人生价值每个人有自己的理解，而在自己的老板、员工、公司的身上要使用好"价值"这个词，你有什么新的招数？

总裁："总裁答辩日"是我们公司的一个历史，也是企业文化的一个创举，更是我们公司的一种文化。目的还是在于创造价值，今天千里马的空气是自由的空气，因为今天是"总裁答辩日"，今天就是人的价值再现。"总裁答辩日"就是"招数"。

员工：一般来说，只有升职才有加薪的机会，那么说不可能升职的员工，永远都不可能加薪？至于做满一年的员工，薪水上是否应有所提升？

总裁：我们在规定了工资以后，奖金是按工资差额来分配的，然后奖金额度是根据我们回款来决定的，回款大小决定工资收入比率。所以，升职的人相对于没有升职的人，奖金肯定高，而且越升到上面，奖金的距离越大。我们的工资保密，是不可以言传的，谁拿了多少工资只有他自己知道，但是不能说你没有升职就没有加薪的机会。不过你倒要好好想想，你没有升职的原因是什么？在我们公司：

一个人真正在发挥着自己的才能，真心实意在为公司付出自己的心血，付出自己的代价，他一定会得到公司的认可。

员工：怎样增强企业的凝聚力和企业素质？

总裁：看看我们公司的管理、看看我们公司的所有行为、了解一下我们公司的干部、多研究一下我本人！我们公司的第一要素是产品，让我们围绕一个中心环节的就是凝聚力！

而我们要完成凝聚力这个工程，首先要完成老板的个人魅力这项工程。凝聚力必然有一个中心力、向心力，这个向心力就是老板，老板只有先塑造好自己的个人魅力，然后才能：

塑造个人魅力下的凝聚力！

塑造老板的个人魅力不仅需要老板个人的努力，企业也有责任去完成这项工程。这两点做好了，老板的个人魅力才开始散发出光彩，这时候，我们才能完成凝聚力的工程。

完成凝聚力的建设除了先完成老板个人魅力外，还有一个重要工程就是团队建设。

我们的团队必须是一个团结的、富有战斗力的高素质团队。

接下来，为什么说先要完成老板个人的魅力建设？因为员工"看"老板啦！团队看公司，员工看老板，看好了，凝聚力自然有了！

员工：我觉得公司的每一位员工不管或多或少，是好还是坏，都有一些建议和看法，特别是在外跑的业务员，接触市场多，很有见解。我认为他们既是营销员，也是广告创意策划员，他们不能没有点子和建议。不愿提问题谈看法的员工，是在自我保护，认为是多一事不如少一事，由此，我建议公司对在外跑的营销员下个任务，每月要他们将市场情况作一次汇报，同时，对不提出问题的员工最好采取什么措施，比如罚款等。

总裁：这一条已经写在《千里马营销法》中了，职能部门马上清理一下，抓一下执行力、落实问题。

员工：我这次跑了一个半月的市场，发现我们的广告如宣传品在药店里显得不够抢眼，太单一。虽然有横幅，但量太少。好多公司、厂家在药店门前各有千秋地树起一块块广告展示牌吸引过往行人，给人们留下了很深的印象。我们公司对在药店门前的广告展示牌有何看法？我认为这一方式可以采用，展示牌店老板早上拿出来，晚上收进去。我们只是要在展示牌上别出心裁，有不落俗套的创意即可。

总裁：你是一个用心的员工，应该给予奖励。

员工：公司员工上班是否需要统一佩带吊牌？

总裁： 不带者罚款。

员工： 公司对市场下达了销售任务，请问广告如何配合，到位情况怎样？

总裁： 广告公司的市场策划要和市场全面配合，"巴参"上市连续6天报纸广告，每天制造一个悬念，层层逼进，步步为营，在江城制造了很好的效应，可以说广告一出笼即抓住了整个消费者的注意力。

这种悬念式的广告加上对同类产品的反向假释、质疑的手法，对市场产生了极大的震撼力，可以说，一夜之间，"巴参"即让整个城市家喻户晓，并迅速提升品牌。这是我们精心创意出来的广告，是中国保健品市场在此之前最好的新产品上市广告。前一次"总裁答辩日"我要大家注意11天以后的广告行动，说的就是这个广告。

员工： 听你说起来，"巴参"的上市广告是极其成功的，很想知道张总在创作这个报纸广告时的整个思维过程，能给我们讲一遍吗？

总裁： 行呀。

1994年，中国的保健品市场展开了空前激战，以1986年杀出的太阳神为代表，中国各大媒体几乎全是口服液的广告，而我们的"巴参"也是后来跟上的保健品。残酷的市场现实，保健品多如牛毛，且"军阀混战"，"巴参"此时出台，必定不会引起市场的关注，甚至不屑一顾。

怎样才能在这风云滚滚的战场中立住脚跟？是我思考最多的问题，所以，不能随便推出。

我召集企划部人员好几个晚上彻夜不眠，我们既要考虑节省广告费，又要考虑达到广告的效果。结合我的专业，最后推出一个戏剧性的悬念广告计划。

从 1994 年 7 月 12 日开始至 7 月 16 日我们连续在《长江日报》上发布 5 篇广告。

1994 年 7 月 11 日至 12 日，我们首先在《长江日报》连续两天登出不加任何信息的产品品牌广告，并以梯形格式出现：

这种手段主要是让市民不知其解而引起关注。接下来 1994 年 7 月 13 日，登出一篇惊人广告：

13号的天气……因此

从今天起不要再买口服液了！

7 月中旬是武汉最热的时候，所以 13 号让人很烦躁，借助媒体的权威性，我们在广告上未加公司任何信息，这就像似媒体自己发出的通告。请看接下来的广告：

14号的心情……所以

今天仍然请不要买口服液！！

---

14 对有些中国人来说不是一个好的数字，所以，今天还不能买口服液。这则广告告诫广大市民不要买口服液了，一下子把市民的神经提起来了：口服液怎么了？我们过去吃的是假的？还是有毒？为什么不能买了？在广大消费者和市民当中，我们造了一个巨大的悬念，并把悬念继续引申。

请看 15 号的广告：

15号的开薪……然而

今天还是请不要买口服液！！！

明天将有一种最新产品免费上市

---

15 号是发薪水的日子，当然是个开心的日子，但是，口袋里

有钱了更要谨慎,今天还是请不要买口服液。请看16号的广告:

> 16号的人生……找到了
>
> # 巴参
>
> ## 今天免费上市!!!
>
> 200万盒赠送　　　　　　千里马企业

　　16号,我们在全市推出了200万盒"巴参"产品免费上市,通过6天的广告宣传,"巴参"在江城取得了轰动效应,"巴参"以最少的广告费获得了最大的知名度,新产品上市成功了!

　　据我们企划部的调查,由于我们公司这组广告的发布,全市各类口服液在这一周的销售量几乎下降到了零点,也就是说只要看到或听到这组广告的人几乎都没买口服液产品,整个武汉市场的消费者一片愕然;而所有保健品厂商一片骚乱。

　　员工:公司目前运行状况如何?压力大不大?

　　总裁:公司目前运行状况应该是良好的,压力我觉得很大,不知道你们觉得大不大?我不想让你们去承担这个压力,有我就行了,这是一个老板无法逃避的,我觉得我还能承担很多压力。

　　我们要发展,压力也会越来越大。我可以告诉你们,我们公司的四位副总经理,几乎每天晚上陪我到两三点,我们每天晚上都在这里，为我们千里马的前景担忧，商量策略，做出计划，有些人甚至几天都没有回家换衣服，我们就是这样在干，当然是有压力。我想我们公司越发展的时候，我们的压力会越大，当然回家"换衣服"的机会就会更少些，我们的条件也会更好些。

那么我赚了钱用在哪里？大家慢慢地看，现在已经看到一些了。我们的钱是不断地赚，而你们看是不是投在我个人的消费上？是不是投在几个干部身上？谁都知道我是"没人帮我花钱"的老板，我主要投资在我们共同发展的事业上，投资在员工身上。

请你们放心，如果你们的奖金拿高了，我会开心，大家开心了，我才开心。所以，你的问题我可以反过来回答你，我也会痛

1996年12月28日总裁答辩日现场

心，痛心的是：员工拿不到奖金！

员工：你认为你对公司有贡献吗？

总裁：当然！

员工：什么贡献呢？

总裁：我对公司最大的贡献就是拥有在坐的各位。

老板最大的财富就是拥有员工。

（掌声长鸣）

员工：你认为公司最大的优势是什么？

总裁：聪明的总裁加能干的员工。

（掌声长鸣）

员工：公司开业每满一周年，是否可给员工加一次薪？让员工在节日中受益？

总裁：公司每满一周年，不会给每人加薪，但员工每满一周年可以加薪，这已经写进了公司相关制度，但对于业绩不好的员工永远无效，否则又形成大锅饭。

员工：张总，您每次对员工所提问题的回答，据我观察与分析，都很机灵，对此，我们员工都很佩服，您太聪明了！但是，你有时候又很狡黠，让我们很难钻到空子。你为什么这么善辩？

总裁：很简单，抓住对方的弱点然后进行攻击。

员工（广告部业务主管）：关于公司广告方面，我想问张总几个问题。上次答辩会上说过："千里马不滥做广告"，那么千里马现在在外所做的广告，您是不是都知道？

总裁：当然知道，你可以提一下看我能不能背出来。

员工：我不是想考一考您，我是想问武汉台和综艺台所做的广告您都知道吗？

总裁：知道。

员工（广告部业务主管）：据我所知，这种广告只喊口号，不直接切入功效，广告的效果并不是很好，那怎么能说不是滥做广告呢？

总裁：这不是滥做广告。因为我们所做的是形象广告，这条电视广告属于"拉动"市场的硬性广告。

员工（广告部业务主管）：第二点，公司在外地市场下拨有一定的广告费，但这些广告的制作和设计您是否都知道？包括费用的使用？

总裁：集团公司广告策划我都知道，到下面，我就不可能一一过问，再说将在外军令有所不受，我也是鞭长莫及。但对外地广告要求，公司原则是不可违背的，公司有一套大的系统广告方案，如果外省市场自行做广告，所有方案都是要传真回来审核通过后才能实施的。

员工：可否通过邮局代寄宣传单？

总裁：这是"邮递营销"邮递广告，这个方式要考虑公司产品的定位是否适合这种形式，而且，创意很重要，否则，如果广告引起消费者反感，只会加速产品的灭亡，永远记住：

低劣广告加速企业灭亡。

　　员工：能否请张总用一句最精炼的话定义凝聚力？
　　总裁：

信念＋团结＝凝聚力！

第 *13* 辩

创造无限 CC

1997 年 3 月 28 日

员工： 到底什么是品牌？

总裁： 独特 + 实用 = 品牌。

员工： 请问张总：在世界经济中，CI 理论的产生要追溯到"二战"前，自那时以来，CI 战略一直被企业导用，而且让许许多多的公司获得成功，然而，这个理论今天却被你张总勇敢地推翻，并推出自己："CC 理论"，即"CC 战略"，请问：什么是"CC 理论"？你是基于什么依据提出这个理论的？"CC 理论"与"CI 理论"有何区别？"CC 理论"对当今企业有何种影响？

总裁： 要深入理解我提出的"CC 理论"的含义，有必要请大家先来温习一下传统的"CI 理论"，温故而知新。请谁来回答一下：什么是"CI"？

……为节省时间，还是我来说吧！

CI 是企业形象的识别系统，CI 的发源地在美国，对 CI 研究、理解、运用得最深的却是日本。国际上对 CI 有两种直接解释，第一种：CI 是一种明确的认知企业理念和企业文化的活动；第二种：CI 是以标准字和商标作为沟通企业理念和企业文化的工具。

CI 作为舶来品，在英文里有两种含义，即——"Corporate Image"和"Corporate Identity"。

"Corporate Image"指企业形象；

"Corporate Identity"指企业识别。

由于企业识别有一整套体系，英文叫"Corporate Identity System"，简称 CIS，翻译为"企业识别系统"，或"企业形象战略"，所以，通常也把 CI 称做"CIS"。

1851 年，美国 P&G（Porcter & Gramble）公司采用"星星伴月亮"形、字注册商标，以区别不同的商品类别，被大家认为是世界上最早的 CI 先例。

第一次世界大战前，德国的 AEG 电器公司在出品的所有自营系列电器产品上全部采用统一商标，被世界公认为最早统一视觉形象的 CI 雏形。

第二次世界大战后的 1947 年，意大利事务机器公司奥力维提（Olivetti）开始请专家设计标准字。

1851 年，英国哥伦比亚广播公司（CBC）设计出一个"大眼睛"作为识别标志，并在各种宣传媒体上加以推广，收到极好的效果，并成为一种很好的经营管理的手段。

CI 的历史追溯起来大约经历了一个世纪，这段历史通常被划分为两个阶段，从 1955 年至今是 CI 的发展阶段。

1955 年，美国国际商用机器公司（IBM）开始正规导入 CI，成为现代 CI 发展的标志，之后，欧美各大企业纷纷导入 CI，由此出现了 20 世纪 60 年代至今的欧美 CI 全盛时期，并形成以市场行销、视觉统一为象征的"欧美型 CI"。此时，形成了 IBM、可口可乐、麦当劳等众多国际品牌的典型代表。

20 世纪 70 年代 CI 开始进入日本，即开始被日本人注入了东方文化与人文精神，发展成为以"人"为主、重视经营理念和企业文化建设的"日本型 CI"。如马自达（MAZDA）汽车、大荣百货、麒麟啤酒、富士、松下、索尼等，就是典型代表。受其影响，在此期间，CI 在韩国和我国台港等东南亚地区开始传播。

20 世纪 80 年代中后期，CI 进入我国改革开放前沿的广东地区。1988 年 8 月，以太阳神导入 CI 为标志，中国企业进入企业形象革命新时期。

太阳神导入 CI 取得惊人业绩的示范作用，带动广东地区涌现出一批率先导入 CI 的优秀企业群体。健力宝、科龙、美的、万家乐、康佳、格力等一批"粤货名牌"，在市场经济大潮中率先崛起。

这段时间，我从认识太阳神公司老板怀汉新先生开始，继而参与太阳神市场策划，直至 1990 年由于电视台工作原因调进太阳神公司直接参与 4 个月的企划为止，我系统了解、感受并体验了整个"CI"的过程——这对我今天提出"CC"理论有着极大的帮助。

纵观 CI 历史，从西方的崛起到日本人文主义的注入，都不能完全展示当今企业人性、人格的一面，正是基于这一点，我提出了"CC 理论"。

CC 是企业个性的英文简称，即：Corporate Character，CCS 是企业个性系统的英文简称，即：Corporate Character System。

Character 的英文意思为：个性，品质，骨气，品格，性格，特性，特征，性质，正直，诚实，人物，角色，名声，字元，书写符号，印刷符号等。

CC 是"企业个性"的简称，CI 是"企业识别"的简称，不言而喻，CC 的意境远远高于 CI，但我们并不是扬弃 CI，而是让 CC 来包含 CI，其实，两者对比之下，CI 实际上是一种简单的企业思维活动，而 CC 却是在企业的静态中追求了动感。

所以，CI 对当今品牌战略纷争的国际形势来讲，已不适应企业发展规律的需要。就像"营销"和"销售"一样，销售是简单地去卖东西，而营销是用策略推广销售，虽然行为接近，但意义迥然。

CC 战略的提出，是对原始的 CI 理论的挑战，是对百年来人们约定俗成的 CI 传统企业体制的巨型改造和升华。

CC 战略的提出，应该说是对人类企业重新塑造自我的一个巨大贡献，CC 理论把企业自我塑造提到了一个新的历史阶段。

所以，我们公司在所有营销行为中，要自始至终地严格实施公司制定的 CC 战略。

对于 CI，每个人都有不同的理解和解释，我们不必去多管它。

作为一个企业的老板，我对 CC 的理解是：让社会完整地感受企业个性。CC 理论的意义就在于能加强职工的凝聚力，不断地激励员工，更好地为公司创造经济效益。

所以，我把这一次的 CI 大导入称作为"CC 大导入"是有历史性决策意义的，对于我们公司来说是一个飞跃，标志着我们公司第二个台阶序幕的拉开，并将公司在世界经济领域中提升到了一个新的档次。

员工：CC 导入工作图应制定明确流程，明确各部门职责。广告设计应与市场密切合作，推出的广告才更具影响力。

总裁：CC 导入的流程应该是比较明确的，工作讲究一环扣一环，级别不说明高低，只说明工作环节流程。对于 CC 理论的内涵，我提出了一套方案，经过我们 CC 委员会的最后讨论，这样决定了：

企业理念：让人类的梦想存在于你我之间。

经营宗旨：创世界一流企业，做天下一流人才。

经营方针：和谐、诚实、努力、超前。

经 营 观：先创人格品牌，再创商业品牌。

价 值 观：付出未必成功，成功必有付出。

ＣＣ观：让社会完整地了解企业的个性。

员工：产品品牌能否与企业名称统一起来？

总裁：这个问题我在培训班上讲过。为什么不把我们这个公司叫圣安垫公司或巴参公司？为什么不把这个品牌与企业名称统一起来？把品牌短期内与名称结合起来，可能会有一个效应，但我们要把眼光放远，不要急功近利。

假如我们是一个圣安垫公司，大家可以想象，如果圣安垫出现什么不可预测的情况或国家机制有什么变化，那么这个公司也跟着完蛋。反之，人们可以说：这个公司"换"产品了，"圣安垫换巴参了"，无论世事如何变换，"千里马"还在。

但是，我们在策划子公司的时候可以将名称具像化，也就是说可以考虑将产品名称和企业名称统一呼号，比如"圣安垫公司"、"巴参公司"等，而上面那个大公司永远不具像，除非有很好的产品定位，如"千里马可乐"等。

在策划集团性质的公司时，最好不要把集团公司的名称与产品名称统一，太具像会影响将来的发展，而子公司则可以考虑。这样，集团公司将蕴藏未来极大商机，有着巨大项目发展空间。

员工：本人到公司来，了解了以往广告情况，在这里发表一些拙见。我认为文案策划和平面设计脱离开来，就会使许多广告失去了可读性，就拿《经济日报》刊登公司的广告来说，整版文案说明，有20％的人将其读完就不错了，如果同一些创意较好的图案结合在一起，我想效果会好得多。

总裁：这个提得是有道理的，我们在图案的表现上不够充分，我们的文案多于图案。具体原因有三：其一，出产品的图案难度较大；其二，前期包装不稳定；其三，如果配以画面，但画面效果又不好，则浪费版面。

员工：企划部和CC委员会的关系是怎样的？CC委员会的成员散布于各个分部门，有些直接受企划部管理，会不会因此而产生管理上的混乱和决策的延误？企划部、CC委员会和总经理的关系又如何？

总裁：CC委员会是一个临时机构，就是来对CC包括CI进行策划时用的，CC的工作完成了，CC委员会就解散了。CC委员会的委员们和企划部之间不存在什么直接的关系，因为企划部的领导也是CC委员会的成员，CC委员会不是一个长期的机构，现在的CC Committee是下月对CI进行诊断的临时机构。

员工：请问公司的CC战略是否具备远景规划？

总裁：我们的CC战略不仅仅具备远景规划，而且相当有远景意识。别的不说，且拿我们的标志来讲，CC标志包含了非常具有历史意义的划时代的含义，CC标志就是远景规划，这个标志是什么意思，为什么说CC标志有远景规划？我在我们公司开业一个星期的培训课上说过，老员工都知道，大家对于公司的标志畅所欲言，发表了自己的看法，对我们公司的远景规划更加了解。

员工："圣安垫"进入美国市场，假设现在有人在美国抢先注册，公司怎样应对？

总裁：我们早已在美国注册了。

第 **14** 辩

"神秘感效应"

1997 年 8 月 28 日

员工： 请问张总：世界上那个数字最大？

总裁： ……12。

员工： 为什么？

总裁： 一年 12 个月，从头到尾包含了万物生机，而且永远循环。

数字是不断往上加的，是一个无穷指数，根本就算不出最大数，老板也是一样，没有大小之分。

而 12 是永恒的，永恒才伟大！

员工： 总裁对下级总是高要求、严要求，已是众所周知的，但为什么要把绝大部分的不满意占据绝大部分的答辩时间呢？

总裁： 不要把我们的好处说得太多，而要尽量找出我们的弱点。

"总裁答辩日" 是反省日、检讨日、找问题日、总结日。我现在和大家的接触，有时候是非常直接地说出弱点。在召开总经理会议的时候，我是毫不隐晦、直截了当地指出每一个总经理的弱点，甚至有些方面是触动人格的问题，为的是我的话我的行动对你有所刺激，让你成熟得快一些。当时你可能承受不了，可能会骂我，但是如果真正是为了千里马，是出于公正来针对你，我想你也会理解我，所以有大量的"不满"在我们的答辩会中体现是事实。

只有找出更多的弱点，才能显出更多的优点。

员工：商人所具有的基本素质是什么？您觉得儒商所具有的最大优势是什么？

总裁：对商人来说要有很高的商品意识，也需要具备一个商人的基本智商，要有很强烈的欲望和应有的敏感，马上能有联想、有技巧，但不是做坏事。儒，是指读书人，我过去是儒，现在我从事经济活动，就不儒了，我不认为自己是儒商，但我个人认为儒商最大的优势是他能把文化转化成经济，把经济转化成文化。

员工：您觉得千里马集团应该营造什么样的企业氛围？你24小时吃、住、睡在办公室里，您如何理解"以企业为家"的提法？

总裁：我们要从各方面来诠释。

首先，我们要让我们企业形象真正在员工中间树立起来，接下来，我们拥有一个比较健全的管理制度，这个制度的合理性表现在各个环节上面。我们的答辩日就是这个制度中的一个环节，各个部门的规章制度，财务制度都是环节，对外公关也好、仪式也好，任何一种方式都是我们强化的一种管理，如果说深入人心了，让大家接受了，那么也就有一种动力，这种氛围就有了，加上我们的产品广告定位准确，广告攻势好，这样氛围又占去一部分。还有很大一部分就是我们的消费者，消费者对我们整体策略理解了，觉得这个公司不错，真正是在干事业的，那就会认定这个企业。

以上这些达到了，你就会有"以千里马为家"的荣誉感，所以要注意处处推广公司的形象，你可以推广自己、推销自己，推销产品首先要推销自己。至于我为什么24小时吃、住、睡在办公室里，就不用多解释了吧？

员工：有人讲：做生意就是要钻国家的空子，走边缘政策，您能谈谈对这句话的看法吗？

总裁：会钻空子，那是高明。善于利用国家政策，巧妙地利用国家政策做事更高明。大家都在政策范围内合法经营，公开、公平竞争最好，专门去钻空子或走边缘政策，我看没有什么必要。

员工：请谈一下为什么我们公司不能相互谈恋爱？夫妻双方不得同在公司工作的规定意义何在？

总裁：没有说不能谈恋爱，只是规定确定夫妻关系后要调离同一个岗位，这是工作需要，于人于己都好。

我所知道的我们公司第一批员工就有好多对结为夫妻，有一次几对夫妻请我吃饭，当我问起他们这事时，有一个销售经理对我说："我们俩共同接受千里马的教育，而千里马的教育是我们接触到的公司中最好的，尤其是在人格、品德上，我俩受到了相同的触动，就好像双方都有了品格理解的共同点，张总的要求和教育让我们相互感受到对方一种人生哲理的共同存在，好像我们的结合根本就不需要多余的语言似的，我们的结合真的要谢谢您张总！"

　　这段话对我感触极深，我作为这个公司的老板，感慨万千，他们的话其实就是一种企业理念、企业哲学、企业文化深入人心的体现，就是一种人生哲理的完美升华！

　　员工：您最喜欢的宋代词人是谁？代表作是哪一首？

　　总裁：讲气节，男的，我最喜欢岳飞的《满江红·怒发冲冠》；讲情感，女的，我最喜欢李清照的《声声慢》，不会有人考我背诗吧？如果你背不出来那就错！错！错！

　　（掌声）

　　员工：据说张总曾提出过一个企业"神秘感效应"的理论，请问企业需要有一种神秘感，怎么说？

　　总裁：任何一种事物的扩张都存在神秘感，伟人是、老板是、每个人是，包括人体也是这样，没有神秘感就没有吸引力。西方人够开放了吧，而你了不了解，即使是夫妻，他们上床前也长期保持点上一支蜡烛，泛着朦胧的微光，进入人生夫妻性生活的美好意境。

我们"巴参"上市之"神秘广告"不就是神秘感的效应吗?

"神秘感效应"在竞争中,首先要透过对企业形象含义的隐藏——即含蓄性,继而通过产品表露出去,最终得到社会的信赖时才有价值。

员工:听说你放弃了美国绿卡,如果您有机会在国外定居,那么您是留还是回?为什么?

总裁:我有很多的机会可以在国外定居,但是,我觉得我不适合在国外定居,中国能更好地发挥我的才能。如果是因为经营的需要非去国外定居,我也得考虑。

我何必到国外去?现在的中国是世界历史长河中最好的时期,我们处于这个最好的时期,就应该把握这个时期。

因此,我们应该清醒地认识到,中国是我们这一代每一个有抱负的人发挥的最好舞台、最大的战场,何况我的全身充满了东方文化!

员工:如果让您在爱情和事业两者选一,您会选择什么?

总裁:(笑答)我觉得不可只选其一,如果我选择了爱情,而不选择事业,爱情未必长久,那可能只是家庭,而不是爱情。但是我如果选择事业而不选择爱情,那我也不会完美,那也是不符合人生哲理的。

但我只能这样告诉你,目前我只能选择一个:事业!

员工:女人为情,男人为钱,看来你是这样。

总裁： 女人为情，但不等于不要钱；男人要钱，但可能是为情。任何一个女人在择偶时，对对方可能会说：

"我不为钱，我是爱你这个人"。

但对旁人她可能会说："钱也要，但够花就行"。

什么为够花？能吃饱肚子有衣服穿叫不叫够花？当这些满足之后，还想要房子、汽车，这叫不叫够花？衣服、化妆品、汽车、房子档次、牌子不一样，怎么选才叫够花？

其实"够花"这两个字比"要钱"两个字更没深浅，因为女人一辈子都要"花"，所以，"够花就行"事实上就是"永远要花"，而"永远要花"其实就是永远不够花。而当钱没有了，这个"花"一断时，你们就知道结果了。其实我也经常在想：我是应该爱公司呢？还是去爱一个人呢？

女人一生不过一个情字，男人一生不过一个钱字，这只是其中一种现象，任何一种事物都不是孤立存在的，有时候这个"钱"就代表情！

从古至今的任何时候，情和钱都不是孤立的！

对于活命来讲，钱很容易满足，一辈子能花多少呢？但人的欲望却永远满足不了，这就是人性啦！

员工： 请问张总：当你有了100万时是不是还想要1000万？

总裁： 是。

员工： 当你有了1000万时是不是还想要1个亿？

总裁： 是。

员工： 当你有了 1 个亿时是不是还想要 100 个亿？

总裁： 是。

员工： 当你有了花不完的钱，而且，假设你不开公司了，你打算干什么？不要说大话，说"人性"话！

总裁： 第一件事情是睡觉，以弥补过去的不足；第二件事情是写书，希望对人类的进化有所帮助。

员工： 有人说老板年轻时拿命赚钱，年老时拿钱买命，那你会怎么样？是让后代继承还是做慈善事业？

总裁： ……现在还没想那么多，但不管是慈善也好还是继承也好，不能离开一个前提：取之于民，用之于民！

（热烈掌声）。

员工： 请问张总爱过异性吗？

总裁： ……

（掌声要求回答）

总裁： 这样吧，我用我写的一首诗回答你：

我要把它认真地送给你

忘不了你，在我微笑的时候

我会看到你

忘不了你，在我快乐的时候

我会想到你

忘不了你，在我受伤的时候

身边只有一个你

忘不了你，在我迷惑的时候

我遇到了你

那是一个沉积了许久的温柔

我要把它认真地送给你

送给你

员工： 从张总的诗里，我们已经得到了刚才的答案。

总裁： 未必！诗言志，所谓"有感而发"！一个人的生命有限，很多事未必有亲身体验，也就是说"有感"未必"有为"，诗人所"言"主要来自于"感"，继而"发"，所以，"感"之处，未必有实践。

人生的成功有几个段落，其中有一个段落就是糊涂、茫然，越过这个段落就永远清醒。

这个过程我可能走得比较早一点，在座的各位大部分比较年轻，将来大家会感谢我。我在各方面非常严格，你要警惕！我对工作一丝不苟，甚至有时候是吹毛求疵，我对我认为还没有成熟、没有完全定位的人尤其如此。

员工： 请问张总，一个千里马人发挥到最佳状态，个人实际利益能有多少，请具体说明。

总裁： 一个公司如果发挥到最佳状态，那么实际利益也是社会同等水准的最佳状态，甚至是超越一倍以上的状态。

员工：请问张总，公司的地板都烂了，为什么没人去换？

总裁：（狡黠地）走的人多了路就熟烂了，这表示公司业务兴旺。

员工：说得好！（掌声）

员工：公司究竟如何任命干部？为什么到处都是"总"？

总裁：除集团公司之外，所有子公司只有总经理，其他只配助理，永远不配副职。

第 15 辩

私营而不私心

1997 年 12 月 28 日

总裁：今天的"总裁答辩日"我们请了湖北电视台作现场实况录像，所以，我希望大家在今天的辩论中更加踊跃激烈。

好，来得快，有人举手了，好像是工作不久的年轻漂亮的女大学生，请！

员工（女）：张总，世界上有两种男人，一种是成功者，一种是失败者，请问张总，您是成功者还是失败者？

（众笑）

总裁：我是——

员工（女）：只能回答"是"或者"不是"，Yes or No！

总裁：我是正在朝成功路上走的人！

员工（女）：那你的意思就是说你选择了"是"？

总裁：……

员工：好，常言说：每个成功的男人背后都有许多女人，请问张总，你有多少？

（众掌声大笑催促回答）

总裁：好家伙，第一个问题就来得这么尖刻。

员工（女）：据我所知，你背前背后都没有女人，那按上述定义，你就不是一个成功者，至少不是一个完整的男人。

（众大笑）

总裁：我刚才说了，"我是正在朝成功路上走的人"，还没有到达成功的顶点，所以还没有女人，成立！

员工（女）：员工永远说不过老板，你这是狡辩！

总裁：是黠辩！

员工（女）：常言说，女人像水，没有水就没有万物生机！

总裁：女人是生活中不可缺少的水分，我承认。

员工（女）：我请人看过，你的命理中缺水，加上你至今还没女人就更缺水，你缺水就是公司缺水，公司缺水公司就不能万物生机，你如何改变这种状态？

（员工一片大笑）

总裁：（逗乐般）女人有时候也像架在男人脖子上的一把刀，砍了头还要牵连公司。

员工（女）：错，女人就像你脖子上的那串珍珠项链，戴上它男人才显示出含金量！

总裁：首先，至今为止我还从没戴过项链。再说，我觉得：项链只有戴在女人的脖子上才有含金量，而真正能使女人光彩夺目、楚楚动人的应该是项链上镶嵌的闪闪发光的钻石，这样，女人才显得漂亮而高贵，而男人正是那颗钻石！

（满场掌声）

员工（女）：你的意思是：男人比女人更重要，女人应该来追你？

（众笑）

总裁：男女之间缺一不可，男人因女人而存在，女人因男人而升值！

男人征服世界，女人征服男人！

古来今往，多少江山失落女人身上，我可不愿意那样。

员工（女）：你的思想很原始，甚至传统、守旧，大男子主义、看不起女人！

总裁："总裁答辩日"不应该与人的本性相分离，也要有血有肉有个性！人类的进化历史难道能不尊重吗？我也没说我是完人。

员工（女）：那你怎么看撒切尔夫人？

总裁：那也许是人类进程中向母系社会回归的一个信号吧。

员工（女）：那英国女王呢？

总裁：那恰恰是男人对女人的一种崇奉。

（掌声）

总裁：怎么样？我对英国女王的看法表示我对女人并不"原

始"、"传统"、"守旧"、"大男子主义"、"看不起女人"吧？

　　员工（女）：但作为一个集团总裁应该更高格调处事。

　　总裁：我可以再高一点看啦。

　　员工（女）：怎么看？

　　总裁：男人为女人而努力，女人为男人而活着！

　　员工（女）：把你这句话和前一句"男人因女人而存在，女人因男人而升值"来对照，再把你对撒切尔夫人和英国女王的看法来比较，我觉得你有很多矛盾之处。

　　总裁：人类本来就是在矛盾之中发展的，男和女就是人类的第一大矛盾！

　　员工（女）：既然你如此聪慧，为什么不把这种矛盾协调处理好呢？

　　总裁：谁不想呢？

　　员工（女）：那你怎么处理？

　　总裁：难道你在小学时没听过"矛和盾"的故事吗？当遇上锋利的矛时，你就用坚硬的盾去挡住它；当遇上坚硬的盾时，你就用锋利的矛去刺破它。

　　员工（女）：你这还不是自相矛盾吗？

　　总裁：所以矛、盾就是矛盾么。

　　员工（女）：张总很聪明，但我觉得有时候很荒谬。

　　总裁：我有时候很愚蠢，但我此刻很理智。

　　（现场掌声）

总裁：把我的诗读一首给你听听,看我是不是你所认为的那样:

温馨的从前

雨点滑落在迷茫的眼前

轻轻地吻过那温馨的从前

河边那纯洁的故事

仿佛又让我回到您的身边

啊，从前　洁白的笑脸

啊，从前　温馨的从前

月亮在那善良的河边

拥抱着一个痴情的少年

在那天真浪漫的早年

她就悄悄地刻在我的心间

不知哪天滴下的眼泪

洗去了我们初恋的誓言

啊，从前　洁白的笑脸

啊，从前　温馨的从前

月亮在那善良的山边

重吻着一个温馨的从前

听了这首诗，你应该相信，要谈起恋爱来，我一定不会比你差。

其实，我不会是独身主义的，我和女性接触不多，是因为公司的事放弃了许多的空间，悲哀的是这些女性也放弃了我（笑）。也许她们是因为看我忙而不好打搅我，而没去主动地相互接近，或许她们认为我根本就对她没兴趣。大部分人说"敬而远之"，其实遇到好的情况下，我会有时间的。

员工（女）： 张总既有外才又有内才，确实一表人才，但你如此清高，至今"养尊处优"，随着年龄的增长，难道你不害怕将来真的成为孤家寡人吗？

总裁： 你这是恭维话。我当然害怕，但也只好认命，随缘吧！

员工（女）： 你不是从来不认命的吗？

总裁（笑）： 这是另一个命！

员工： 纵观中国国情，成功者总结的一条经验"得人心者得天下"！不知张总认为这句话是否有一定的道理？

总裁： "得人心者得天下"是一个永垂不朽的道理，经济领域也一样。

员工： 请问张总，千里马到底是在培养员工还是老板？

总裁： 我们的员工都这么说："千里马培养的都是老板，都是总经理"。

你也可以培养总经理，但那是有条件的，你要有几个基本的硬件。

如果你说千里马是培养老板，我认为那是培养社会的老板。当初有公司挖我们的人一次挖走十几个，那个时候我们刚刚起步，我一点都不在乎，人各有志。但我要告诉大家，集团靠大家。

在千里马一直坚持干下来的人，干到今年有 5 年的人，你们要特别珍惜自己的历史，不仅是一个公司的历史，也是你的历史，你不要轻易地把自己给否定，把自己轻易地抛弃。

人才的关键在于怎么样调遣，怎么样挖掘，怎么样培养……销售公司、医药公司我没管什么事，开始有点慌，回来一看很稳，不用我管，这不就是有人才吗？

第一，要听老板的话，老板的想法总是一种全盘计划好了的东西，所谓老板总是对的是有道理的，老板错了你不负责，但是你做错了你就要负责任。

第二，把你的精神拿出来，把你的作用发挥出来，我认为这是最好的人才。做事要认真，写一个报告有的人说就这样可以了，反正又不给外面的人看。这样是不行的，一个字一个标点符号都要规规矩矩，公司的形象是这样的，要在每个人心中打下深深的烙印，该有格式的就要照格式来。

员工：你认为目前民营企业面临何种困境？

总裁：目前，在中国，民营企业面临的困难不少。往往政策不错，有些部门具体执行时却又走样，常常是"上面很好，下面好狠"，我们要科学对待、巧妙周旋。

民营企业需要健康成长的投资环境！目前的法律还比较健全，但是执行者在执法时往往离谱。不要说工商、税务部门，就是公安、检察、法院，对正常经济秩序的维护，往往分不清"干预"和"执法"。执行者受认知局限，仍是阻碍经济发展的一大原因。提高全民素质和强化法律意识是当务之急。

有时我也很痛心，感叹之余，深思一下，民营企业经常遇上这种"难题"的背后是什么？中国的政治气氛、社会环境还未完全摆脱"私有资本罪恶"的极左观念，这种观念极大地阻碍民营企业的正常发展。如何使中国人民的眼光朝同一个方向看，看到民营企业发展对国家、民族的积极意义，现阶段还很难。

目前，中国的贫富差距拉大，教育不够，管理不够，法治不够。以往平均主义的心态仍然残留，自己不行、也不让别人干的"扯后腿"手法大有发挥的空间。公务员的薪水不高，他们的心态在经济大潮中如何，值得从"公务员制度"实实在在地研究。

我们需要不断地教育、大量地宣传，更需要政府大力"推行"一个简单的道理：民营企业老板也是纳税人！他们的资产是整个国民资产的一部分。美国政府赤字极大，而极为雄厚的私人资本使美国成为超级大国。若无富裕的百姓，何来富强的国家？

民营企业老板赚钱了吗？怎么赚的，赚的钱做什么？这些问题都值得注意。事实上，中国有许多民营企业和国营企业同样负债。若逼得他们破产，最终的损失仍由国民承担。

如果没有一种让民营企业健康的成长环境，中国人民又得付出多么惨重的代价！这种近在眼前的历史教训太多。我们要提高民营企业家素质，要学会在逆境中抗争！

民营企业当然会继续生存下去。可是，民营企业家能否长期在逆境中坚定信念，度过难关，寻求新发展，令人担忧。企业老板承受太多的压力，有些迫于环境，使用手段不当，助长公务员贪污的恶风，反过来又给更多的民营企业家造成压力，形成社会的恶性循环。

员工：那你认为国家应该如何去解决这些问题呢？

总裁：要解决这些问题，首先要靠民营企业自身努力，最好的自救方法是先从提高自身的素质做起，逐渐改变世人对民营企业老板的偏见。

尤其在对待国家干部的问题上，千万不能行贿。有第一次就有第二次，没有不透风的墙，迟早会出事。虽然办事很难，可别去害人，只要每个民营企业家都如此做，长远来看，对企业、公务员和国家都会形成良性循环。

同时，民营企业老板要有国际观，认知中国民营经济的国际地位、作用和前途。吸取西方国家的先进经验，壮大自己，影响社会。

其次，在可能的情况下，民营企业也要有参政意识，参政或许是民营企业保护自己正当权益的一种途径。随着中国民营经济的壮大，民间参政意愿将增强，政治上的影响也会增加。

假如我是国营企业的负责人，我为国为民的思维和奋斗精神将与民营企业没有区别。可见，民营和国营，是自主权之争，也就是有无机会让一批高素质的企业经营人才掌握自主权，照自己的想法来为国家作贡献。

营造企业，先要营造思维。这算不算"意识形态"之争？

正如很多人指出的那样，中国要根本改变的一个状况是：一个政策出台，大家一哄而上。允许办民营企业政策一推出，很快掀起办民营企业的高潮，以致办多办烂了，又赶快"砍"。上得快、下得也快，对发展民营企业非常不利。

发展得不好，怪政策不好。其实，发展民营企业政策的好坏要靠人去做。政府政策一出炉，要逐步推行，稳定发展，别让政策轻易流产。发展民营企业政策的好坏，首先要看对国家和人民是否有利、合理，而不是看是否让民间企业家赚钱，是否惹人害红眼病。

民营企业不光为树立自己的高格调风格，这或许是政府所期望的。而高格调风格应充分显示在这方面：

私营而不私心！

可是，这样的风格、这样的企业需要政府重视、研究、鼓励、扶持。政府要建立专门机构，不断探讨和完善民营企业的理论，指导民间经济发展。

中国的国营企业、集体企业、民营企业，最终都要走共同发展公司的道路，关键是怎样才对国家和人民有利。在烈火熊熊的经济改革中，许多经营不善的国营企业纷纷倒闭，民营企业的作用日益重要。

如果说，政府是民营企业政策的制定者，企业老板就是该政策的实施者。

而政策是否正确，要看实施的结果。如果有过多的干预，民营企业就会因经不起折腾而迅速夭折。

或许每个国家都有自身的优点和弱点、历史和现状，即使换个国家，创业也免不了艰难。可是要让历史少走一点弯路，让人民少付一点代价，或许国内外的民营企业家在中国市场经济可以看到光明的前程。眼下，民营企业在中国仍经营得很辛苦。

从千里马集团一脚高一脚低的跋涉中，我们也看到民营企业家需要的不是赞歌，我们展示的是中国人越来越强烈的发展意识，让人听到中国人迈向中国世纪的脚步。

（长时间掌声）

第 *16* 辩

老板个性
引领企业文化

1998 年 3 月 28 日

总裁： 又到了咱们千里马最兴奋的时刻，这一天是千里马自由的一天，这一天的世界是自由的世界。

大家可以向我提很多的政治问题、文化问题，包括个人问题、私人问题都可以。

你们来千里马公司上班，虽然像其他公司一样有很多的圈圈把你们圈着，但是，在千里马，你总算还有一天比较自由，可以透透气，而这一天却是任何企业都没有的，这就是我们的"总裁答辩日"！

希望大家在自由的时候就自由个够！

员工： 您所期待的企业精神是什么？

总裁： 对企业有一种创造性精神，合作的精神，还有那种求实的精神，我只说一点：创造，速度，效益，顺应时代潮流，都是一些我们要不同于其他企业的理念，都可以理解为我们的经营理念和企业文化。自我发挥第一，顺应时代潮流，让每一个人都充分发挥最大的作用。

趁今天的机会，我想跟大家讨论讨论千里马标志的意义，大家手头上都有一本千里马《CC手册》，这本《CC手册》将我们公司的标徽做了精辟解释，但你真正理解了没有？当你站在海岸线上看着一望无垠的海平面的时候，当你看到海平面的最前端升起一轮红太阳的时候，你是否想到了千里马公司的标徽？

说到这里，我想和大家多讨论一些企业文化方面的问题，而这个问题我想从千里马的标徽开始，我想请哪一位站起来给大家解释一下千里马标徽的含义？

……

总裁：大家知道，我们"千里马"的英文拼写"Chinama"没有采纳英语意译的"Wengsteed"（千里马），而是采用英语"China"（中国）和汉语拼音"Ma"（马）拼写而成，那么，Chinama算不算中西结合的产物？先不管它。但是，无论从这个词的组合意义还是这个词的发音都与中文千里马紧密关联：中国马——那是中国的一匹黑马；Chinama又与"千里马"的中文发音极其接近，可谓珠联璧合。

我们把"Chinama"这个单词每一个音节的首写字母进行缩写组合，"CNM"就成为我们的标志：

　　我们把"C"字母进行创意，并在"NM"下面写上完整的"Chinama"以便识别，便成为一个具有非凡独创性的、新颖而大气的企业标志，一看上去就给人一种大气的感觉，非凡的企业文化和档次顿使你眼前一亮。

　　大家都知道，我注册了200多个网站域名，可China-ma.com反而是我花钱从别人手上买来的，有价值就要花钱买，老板在无形资产上一定要舍得花钱。

　　还是请大家看屏幕吧。归纳起来，是我们每个千里马人都应该背出的以下这段话：

　　一、标准形：天圆地方

　　"C"圆"N"方：地球宇宙是圆，山川大地为方，喻示千里马国际集团立足大地，胸怀世界，超越时空，高瞻远瞩的思维空间和实践。造型"C"圆层层递进，步步为营，是千里马人炽热的追求，"C"从小到大、从暗到亮，从近到远，充分描述企业发展的规律；科学的透视感充分展示企业的穿透力、渗透力、潜力、凝聚力和抗争、执着、坚忍不拔的精神。

"NM"方为万物生机，是客观规律与主观创造的辩证。圆方阳光普照，给予人类存在的无限空间，是天人合一的东方古老文化和现代企业哲学的充分体现。

"C"的五根圆圈线代表千里马集团最早形成的五个公司，线线并进，如利剑穿空，象征迎难而上，逆流而进，不折不挠，冲锋陷阵的千里马性格和讲求速度、效益的千里马个性，喻示"创世界一流企业，做天下一流人才"的经营宗旨。

二、标准字："M"

"M"由两个"人"字重合组成，讲述人与人之间的合作关系、尤其是与生意伙伴的合作关系，"写"好了"M"这个字，就写好了和谐、合作。"M"展现的是"双赢"，"双赢"就是人与人之间、企业与企业之间合作成功的精髓，就是人性最原始的游戏规则。我在1993年制定的经营方针："和谐、诚实、努力、超前"中的和谐精神，就是这个双"人"的体现；虽然说"付出未必成功，成功必有付出"，但我们首先强调的是人的品德，亦即商德。"M"所展现的"人"字，就是我们整个企业的核心，"M"体现千里马集团"先创人格品牌，再创商业品牌"的企业人生观。

"M"下方三足鼎立，表示企业存亡的"企业三定律"和"企业三链"，又是千里马集团经营的三大支柱——高新药业、信息产业、文化产业的象征。

三、标准色：蓝、黑

千里马标志"CNM"的颜色由蓝色和黑色组成。蓝色与联合国旗同色，表示千里马集团以振兴中华民族为己任，以全人类幸福为宗旨。蓝色纯洁温情，代表热情奔放，既承续中国传统文化，又激励世界现代文明；黑色表示千里马犹如一匹披荆斩棘的黑马，冲破重重障碍，冲破黑暗，去迎接美好未来的气魄。

我在这里只是提醒大家，当你一看到千里马的标志，就应该感到无比的自豪。我觉得这不仅仅是千里马的象征，我觉得这是中国的象征，中国人的骄傲！

企业文化是千里马拉起的一杆永不倒的大旗！人有品位，产品就有品位，产品有品位消费者就多。

千里马公司的发展一直比较稳固，为什么？我的看法，最主要是两点：

1. 公司的形象品位；
2. 公司的人格品位。

我觉得这两点在，公司就在。从企业、经济上来讲潮起潮落很正常，精神垮了，企业就垮了，精神在，人就在，人在市场就在，市场在效益就在，效益在利润就在！

人都有信仰，有一个赖以生存的精神支柱，企业的精神支柱就是企业文化，所以：

企业文化是企业的精神支柱。

员工：那在企业策划中如何灌输企业文化的内涵呢？

总裁：掌握五个字："形散神不散"。

任何企划都可以形式多样、任意发挥，但始终不离企业文化之核心，而在我们千里马最拿手且出奇制胜的案例中，艺术的、拟人的手法最有特色，这可能与我的特长和个性有关，但我相信，任何一个企业，老板的个性对企业文化的影响是最大的，所以说：

老板个性引领企业文化。

但也正是因为老板的个性和文化问题，许多企业也闹了不少笑话，这种情况下的老板一定要虚心听取他人的意见，要借外脑重塑企业 CC 形象。老板的"个性"不好，可要把企业引入迷途喔。

大家知道，1997 年元旦，我们在湖北日报上作了一个整版广告，但他没有任何广告的嫌疑，既烘托了节日的气氛，又展示了企业的风采，还宣传了产品。那是我写的一首诗。谁手上现在有这张报纸？请企划部长朗读一下，让我们来重温这首诗。

员工（企划部长朗读）：

以千里马集团的名义……（引子）

元 旦 献 辞

1997. 12. 29《湖北日报》

那一年，海在漂着紫色的光环

我把自己抛给了她

明知道那环的心脏冲击的是夺命的礁石

然而，我仍被卷进了生命的咆哮

静的时候海是温柔的，像个十八岁的苞蕾

蕴藏着半熟的纯洁

动的时候，海是残忍的，穷凶极恶地像个凶徒

裸露出毁灭性的肮脏

但假若没有海的动、浪的静

我又不知能否满足平淡的渴望！

长长的沙滩边，是一阵阵拍打着胸膛的海浪

在上面大踏步奔腾着的是那串喘着浩气的浪花

她从东方走来，又向东方走去

带着东方的羞涩，却腾起海礁的坚实

那浪花飘散着如朵朵净净的白云

何止是蓝天那唰唰穿胸而过的呼啸

恰恰铸成了一副气壮山河的品格

她何止是一个天方地圆的学说

她是一副不折不挠的风骨

大江南北，何处有平坦的旅程？

东西两岸，人类却祈盼和平的烛光

站在海的身边，方知人的渺小

看着人的伟大，方知我的卑微

但是，海大不如浪大

伟大不如志大

虽然惊涛拍岸，可那是和平的海水

虽然咸酸苦辣，可那是未来的甘甜

海风从远古撼撼而来

地球从宇宙隆隆而过

人的一生能做许多事情

但真正属于自己的只不过一瞬间而已

所以

塑造一个光辉的灵魂，需要我们未必成功的付出

成熟一个鲜艳的果子，需要我们可能失败的牺牲

我们，我们，还是我们

因为：山那边的山，山这边的地，是我们的共有天地

总裁：还有，老员工都记得，1994 年，我们在广东《晨报》

上做了一整版"巴参"广告，而这则广告也是一首诗，可以对照
一下，请看屏幕：

（屏幕显示《晨报》内容）

白发与巴参

你默默无闻

悄悄地来到了人生

秋天的悔恨

竟赶不走你的任性

你是黑色的萌芽

白色的光阴

你是童年的痴笑

少年的愚蠢

青年的狂傲

老年的孤零

你白了我的激奋

白了我的启程

白了我的执著

白了我的爱情

呵，

你是忧郁的微笑

生命的抒情

员工：我们都认为"总裁答辩日"这种形式很好，它促使员工思考和关心公司的问题。请问本公司设计"总裁答辩日"的初衷是什么？

总裁：让老板和员工相互感知，让公司和社会更加接近，使其成为我们企业文化建设的最好方式。

员工：从公司开业的第一天开始，我们就开始了"晨签"，据说"晨签"是张总创立千里马公司时定下的管理制度中的一项，这项制度非常有用，但我也觉得，天天早上签到、训话是否有必要？

总裁：有必要！"晨签"是我们的一项传统，每天早上回味

千里马公司晨签现场

一下昨天，强调一下今天，展望一下明天，都非常必要。何况激烈竞争的市场，即使到了和平盛世，"晨签"也依然要在我们公司存续。

每天早上的"晨签"实际上相当于进行了一次小型的"总裁答辩日"，因此，它也是企业文化建设的一部分，极具意义。

说"晨签"不如说"晨敲"，每天早晨敲响市场的警钟，敲响制度的警钟；敲响管理的警钟；敲响人生的警钟。所以，这个"晨钟"必须年年敲、月月敲、日日敲！随着时间的推移，"晨签"将成为我们企业未来的一项优良传统。

员工：讲了半天，我想请张总用最简短的语言概括一下企业文化的实质含义究竟是什么？

总裁：

企业管理 + 企业哲学 = 企业文化。

员工：公司制定的最高目标是什么？

总裁：给社会带来无穷的价值；给企业带来无尽的利润。

员工：是什么促使你办起了这样一个私人公司？

总裁：这是市场经济的产物。

员工：您认为办公室是该像战场，还是像家庭？

总裁：当然是战场，因为那是作战，要制定作战方针。

员工：那你为什么一直睡办公室？

总裁：……？ 因为我要作战……?!

（掌声）

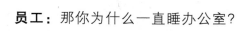

第 *17* 辩

付出未必成功，
成功必有付出

1993 年 10 月 28 日

员工：为什么有的人做了许多事反而受批评；有许多人不做什么事反而受表扬。

总裁：如果是这样，说明我是个昏老板。我觉得在我的身边很少有这样的事，但是我也要给大家一句我经常重复的忠告：

付出未必成功，成功必有付出！

希望你们充分理解这句话。

你追求了一辈子没有成功，你白干了。你追求了一辈子最后一次成功了，你以前所有的东西都有价值。

你老老实实做了事，但没有做出成绩来，不算做了事，不算成功。

你一辈子默默无闻，但你没有杰出的业绩，没有太大的意义。

你如果成功了，过去的一切，甚至是弱点都变成了优点。你的过去，你的历史会变得非常辉煌，所以这是不一样的。

员工：你认为亚洲金融风暴对我国有哪些影响？对我们公司的对内对外贸易有何影响？

总裁：索罗斯确确实实在很多国家大打出手，赚了很多钱，也做了些惊人的事情。应该来讲他的这种"投机"生意，对于他个人业绩来讲是很成功的。这个人很聪明的一点在于他的投资精神、冒险精神，更重要的一点，他善于研究。研究什么？研究一个国家的政策，研究一个国家的发展，然后去钻这个国家的空子。这次金融风暴对我国经济有哪些影响？我想朱总理在香港的答记者问时已经说了很多了。但对我们公司对内对外贸易形成什么影响？目前还看不到。

员工：张总，我想问您，在新的市场环境下，我公司在未来的运作上采取了哪些措施？

总裁：所谓日新月异，我们可以把每天都理解为"新的市场环境"。

可以跟大家讲几点，我们公司三大产业——"药业、信息产业、影视产业"，影视是我的专长，药业是我们的精髓，信息产业是未来的产业，这三大产业是我们公司要做的，到最后要做到什么地步，实际就是我们经济与文化并轨，企业与文化并轨，文化有发展，企业有发展，从而打下世界500强基础，循序渐进。

员工：除了药业外，千里马近几年最引人注目的是在影视、艺术、音乐、文化事业中的成就，请问，为什么要投身这一领域？

总裁：为什么要投身这一领域？这就像你们销售一样，销售找什么？找卖点，找消费群。为什么要投身文化艺术？找人们的兴趣点。当今影响人类生活的最重要的是文化，所以影视要搞，电脑也要搞，把人们的焦点集中，这就是找兴趣点，也就像销售一样找卖点，所以要投身这一领域。我们要把消费者——人心收在千里马的足下，当然是很难很难的，但是我们尽量这样去做，要做最好的东西，大家最关注的东西是什么就做什么，现在可以这样说，将来也要这样说，只不过怎样一步一步地去做。这样做的目的其实很明显：还是为销售找亮点！

员工：公司在这方面有什么优势？

总裁：现在我们硅谷的 dot com 总部在世界顶级高科技群，这是优势；我们千里马集团打下 8 年基础，这是优势；老板还不俗，还年富力强、还比较能够跟得上新形势，观念更新特别快，这是优势；我搞文化艺术出身，搞这些歌曲作品来得快，不说小意思，反正搞得就跟别人不一样，这是优势。

员工：我是一名新员工，通过来公司将近 10 天的学习和观察，千里马集团有蓬勃的发展生机，管理制度也定得非常科学和严谨，但是，往往一个好的制度实施起来却非常困难，请问张总，你有什么实施的举措呢？

总裁：首先，我还是要给新员工重复一句话：不要对千里马寄予太高的希望，千里马还有很多问题和弱点。制度再完善，由于人的素质原因、执行的原因，同样会造成很多方面的失误，这是现实存在的。

你不要过多地去追究一个公司管理制度和层次失误的多少，你只要测定在这种管理环境下你的发展前途有没有就可以了。

我想我们千里马提供的主要是舞台，创造的是一个机会。

一个像样的样板公司，不是说今天、明天、下个月就可以做好的，也许 5 年、10 年、20 年，要有创业的精神和创业的准备，没有这种精神是做不好事情的，你在这个公司晃一晃，那个公司晃一晃，一生就这样晃过去了，你要抓住你闪光的那一点时机，干一番事业。

员工：千里马成立以来短短几年取得了飞速的发展，你认为是基于什么原因？

总裁：（幽默地）公司的发展基于什么原因？是基于"电脑"的原因。因为我懂电脑，所以我经常用脑子。我和电脑比赛看谁的脑子用得快。

我的大脑疲劳了的时候，电脑帮我用，这时候电脑比我脑子快，所以你们要好好用"电脑"。

员工：千里马集团在国内与国外的市场形式、市场潜力、市场竞争有何差别？

总裁：我想市场的潜力是很大的，如果论市场竞争，在中国是比较前卫的。如果论利润，美国的利润要大。中国的消费水平不怎么样。所以要比较国内外市场，有优也有劣。但是我们两个市场都要占有，要充分应用好两大市场。

员工：一走进千里马就感到千里马很浓的文化氛围，请问千里马集团企业文化是什么？

总裁：企业文化包括很多，员工的文化素养，产品的内涵、档次地位和老板的思维、素质、人格，等等。我们公司现在所制定的企业理念、经营方针、我们的 CI 观、CC 观、价值观都属于我们企业文化的精髓。

"诚实、和谐、努力、超前"这八个字非常重要，希望你们能够理解。

"诚实"：一个拥有对公司不诚实员工的企业是不成功的企业。员工对企业诚实，这个企业成功了80％。老板和员工之间都需要诚实。老板要有老板的原则，打工仔要有打工仔的原则。你不诚实，在这里晃一下，那里晃一下，你永远做不成事情，而且你会给这个企业带来很多灾难。

任何一种原则都只能建立在一种诚实的基础上。

"和谐"："和谐"不仅仅体现在老板与员工之间、员工与员工之间，更重要地是体现在产品和消费者之间、企业的员工与外部的人员之间。

你的产品也需要有一定的和谐度，不要过分地吹嘘它，把一个产品抛到一个至高无上的地步。

我们的巴参上市的时候是星期天，那一天有一个市工商局的科长拿了一盒回去，他的父亲在床上睡了两年，晚上喝了一支，星期一早上又喝了一支，喝完第二支以后，居然自己可以下床打水洗口刷牙了。一大早他写了一封信送到我们公司。这封感谢信现在还在，但是我们不要拿这个由头去宣传，你越宣传人家越不信。

有一个浙江人买了我们的巴参，吃了一箱，他的癌症居然好了。给我们写了一封信，我们不能宣传。我们宣传要实事求是，有病我们可以宣传成治病，但千万不要宣传没病防病、治百病。

再说"努力"一个人一辈子可以做许多的事情，但不一定都做得成，那就看你努力了没有。事情没有做成，你努力了也可以了。人一定要朝着高的目标去努力，你努力了就行了。所以我想一个人的意义也就在他奋斗的过程中，也就是永远保持努力的精神，努力的状态。你真正达到目的了，就没多大意思了。如果你永远在努力，你永远会感到充实。

努力的过程也就是生命延续的过程，得到了，生命反而停止了。

所以，人生价值的体验和享受其实是在"过程"当中，这样才让许多人只要过程不要结果，所以，

延续过程就是延续生命。

"超前"：我们公司的一个员工给我提意见："张总太超前了，我们跟不上"。这是不行的。没有一个超前的意识就没有一个发展的目标，你就不可能朝着这个目标去努力。所以咱们千里马公司永远是超前的。很多干部思维和节奏跟不上，没办法，期望你们能够跟上。如果不理解，你跟着做就行了。军令如山倒。

"创世界一流企业，做天下一流人才"这是我们经营的宗旨。要用就要用一流人才，要做就要做一流人才，期望大家都成为千里马的一流人才。

"没有永恒的朋友，只有永恒的利益"，这话我只同意一半，另外一半不同意。没有信义做什么生意？没有人格做什么生意？希望我们大家记住这番话。

我们每月的工资月报表中有一栏，你本月学到《CC 手册》中的第几条，那么我就抽查你们。我有雄心壮志创天下一流企业，你有没有雄心壮志做天下一流人才？咱们来比比看。

你们认为在中国，谁做 CI 做得最好？我们的 CC 观是让社会完整理解企业的个性。这个意思怎么理解？让外部的消费人群来感受你这个企业的精神，来感受你内部的构造，内部的管理，这是我们要展现出来的 CI 观，是包含在我们"CC"中的"CI"观。

员工：怎样使你的员工对公司有信心？

总裁：最重要地是需要大家对公司的理解，了解这个公司的做法。

打工仔在一个公司干，我相信首先认识的是老板。这个老板人品怎么样？最重要的是一个老板赚了钱怎么办，投向了哪里？是他个人的奢侈生活还是事业的扩张、公司的发展？你分析透了，你就会对这个公司有信心，否则你就没有。

过去有人说我们千里马是黄浦军校，说我是军校校长，说我培养了一帮老板。是的，过去我在培养人才方面花费了许多精力。

我一向主张在一张白纸上面来写字，所以过去一向是招比较单纯的员工，不管怎么说，从现在开始，我们的员工，除了是张白纸外，不能是个学生，只能是名战士，来了就要干活。至于公司和你之间的信义问题，这需要相互之间的了解，相互之间的沟通，但是不要刻意去追求。

有信心可以留下来，没有信心可以走，这也是今天的"总裁答辩日"我给大家的结束语。

（掌声中结束）

第 *18* 辩

效益就是真理

2000 年 5 月 28 日

主持人：今天非常有幸地请到了中央电视台第二届全国大学生辩论赛的冠军队——武汉大学代表队的三位辩手，他们被誉为世界著名的大学生三大辩论国嘴，大家欢迎！（掌声）那么他们的姓名、他们的专业、他们的成就还是请他们自己在这里简单地讲一下。

蒋舸（女，嘉宾辩手）：大家好，我叫蒋舸，是武汉大学国际法专业大三的学生，姓名、专业倒很好介绍，其他的实在是不好说，我总觉得自我介绍这种东西主要是写在覆历表上的，既然我已经摆在这儿了，大家还是待会儿看着再说，不用自我介绍了，谢谢！

袁丁（嘉宾辩手）：大家好，我是袁丁，袁世凯的袁，甲乙丙丁的丁，现在在武汉大学人文科学试验班就读，这个班也许一般的人不是太了解，这个班既不是中文系的，也不是哲学系的，也不是历史系的，但它还要学中文、哲学，还要学历史，什么东西都学了一点，但什么都学得不是太好，希望大家待会儿不要笑话我，谢谢大家！

周玄毅（嘉宾辩手）：大家好，我叫周玄毅，是袁丁的同学，也是人文科学试验班的，不过他是中文方向，我是哲学方向，原来学的哲学都是比较形而上学一点的东西，今天我在下面听了张总的一些介绍，我觉得对这个经济运作上的东西完全是非常的嘀咕，所以等一会儿我作为一个中介者的角度实际上是向大家学习一下，希望大家对我有多一点的体谅。谢谢大家！

主持：说得非常谦虚，他们实际上是在全国 20 多所名牌大学中过五关斩六将获得冠军，而且明年 3 月份要到台湾去进行强化培训，6 月份在狮城新加坡全球华语大赛的大决战就是这三位要去，他们说得比较谦虚，等一会儿就要看他们的风采了，因为我们今天请他们来为我们助威，向我们公司多年以来的"辩坛霸主"张总发起挑战！下面，我们就请千里马"总裁答辩日"的辩主张鸿毓董事长上台答辩。

（掌声中张总上台）

主持：千里马集团"总裁答辩日"辩了近 10 年，我们大多数是输给了张总，这除了张总超人的智慧外，主要是因为他是总裁而往往占了上风，今天大家可别客气了！今天，我们请来了三位国嘴，他们将和大家组成一道铜墙铁壁，共同"对付"张总，大家有没有信心？

员工：有！

主持：好，一会儿大家一定要对张总毫不留情哦！好，下面请张总开辩！

总裁：完全像个山寨，说什么辩主啦，霸主啦，干脆说寨主！

很有幸，我们能请到这三位辩论大师——世界级辩嘴！

中国是语言最丰富的国家，中国话是最幽默、风趣的话，如果这三位朋友是中国最好的辩手，也就是世界上最好的辩手，而我只是一个企业的被员工黠称的"独裁者"，一会儿还要请各位国嘴手下留情……请大家为辩手手下留情给予鼓掌！

（掌声）

同时也为你们的"辩主"——我——打赢这一仗给予鼓掌！

（掌声）

"总裁答辩日"进行了近 10 年，这是我于 1993 年创办的，多年以来，每逢这一天都是我们最兴奋的时刻，在这一天，无论是政治、经济、文化，公司、老板私人甚至私隐，全方位可以展开辩论，可以完完全全打开窗户说亮话。在今天我们不光是能够处理许许多多沉留在 20 世纪的问题，我们还可以提出一些 21 世纪的新问题。我希望在座的各位员工利用这次的答辩机会，把 20 世纪的问题处理得干干净净，不要留到下一个世纪去辩，所以大家要放下包袱，大胆攻击。

第一，攻击你的老板；

第二，攻击你自身在 20 世纪还没有克服的心理阻碍；

第三，看看你需不需要这三位助威的辩手们帮你助威，如果你没有辩手帮你助威，（轻声地）我给你官升一级……

（众笑声）

员工（营销公司总经理吴庆洲）： 我开头！请问总裁，如果公司能招募到蒋舸这样的名嘴，总裁会不会招她作为自己的辩论秘书？

总裁： 那就请国嘴蒋舸小姐回答吧！

蒋舸（女，嘉宾辩手）： 其实好像是有一点误解吧。我觉得辩论的人并不是说随时随地都在辩论，而且辩论秘书这一职让我感到很诧异，至于说刚才这位先生问我们的总裁说他是不是愿意招我当秘书，其实你也不妨问我愿不愿意当他的秘书呢。而且我觉得如果一个学法律的人给总裁当秘书，恐怕会让她觉得有点压抑。

总裁： 咱们公司文秘大概有 16 位，在我身边工作多一些有两位，既然蒋舸先生说……（笑声）我们更原始一些，说先生不错，如果说小姐就错了。如果说你跟老总当秘书比较压抑，这可能是社会上普遍的、一般性的认识。这样行不行，让跟我工作最近的秘书说一说，压不压抑？讲一下你的感觉也可以，我感觉很多人好像想听你说话，齐静芬？

秘书齐静芬： ……说真话，（苦笑）的确是有点压抑。

总裁： 啊？（笑声）

齐静芬：张总脾气太大了。

总裁：我的脾气很大？你该说的说，不该说的……（改口）也可以说。

齐静芬忙打住：没有了，就这些。

总裁：说嘛，如果你平常很压抑，现在给你一个透气的机会。刚才说了20世纪的事情不要留到21世纪去。

齐静芬：还好吧，习惯了。

总裁：啊，这么勉强啊！

（笑声）

蒋舸（女，嘉宾辩手）：我觉得您刚才请她说的那种语气就很难让人感到不压抑，我觉得您好像根本就不给别人选择说或者不说的权利，而且在她说出她很压抑的时候，您似乎很吃惊，不知道下去会不会……（笑声），而且我觉得在问你压不压抑这种问题时，或者你对我满不满意这种问题呀，您是不是可以让别人书面写上来或者至少不要用这种语气去当面问他，就算压抑，恐怕也未必好说呀。

（员工掌声、喝彩声）

总裁：中国有了市场经济以来，大家都感到在企业打工是比较压抑，原因在哪里？因为中国长期是一个计划经济的市场，长期是在国有企业的环境当中，在你不怕我、我不怕你这种环境中工作。有了市场经济以后，特别是出现了私营企业之后，公司的威信和老板的威力跟过去的干部完全是两码事，老板一句话往往可以决定一个人在这个公司里的命运，他的薪水、待遇，所以员工总是谨小慎微，老板一到跟前来，他就不吭声、不说话了，因而，你压抑。

比如说我走到网络公司某一个计算机跟前的时候，只要他发现老板到跟前来了，他马上会有一些动作，什么动作呢？我走到他跟前看屏幕的时候，屏面是个空白，那为什么我在远处看你的时候，你在操作呢？你一定是在上别的网站，甚至是做别的事情，当时我怎么处理的呢？我只是这样说了一句："哦，是个空白呀。"当然啦，这个话可能给他的压力会更大，因而，你压抑！

齐静芬是一个说话很少的秘书，我记得她好像跟别人说过一句话，说她就是张总的出气筒，就是千里马的出气筒，什么不顺手的，首先从她这里骂出来，确确实实是有这么一些时候，但我觉得所有的员工跟老板之间都是朋友的关系，在上班的时候压抑是正常的，需要这种感觉，但不要形成一种包袱就行了，因而，你压抑！我认为：

压抑包含着空虚和虚荣，但压抑更包含着成功，因而，压抑更意味着成就！

我不解释，请大家仔细地去体味，更重要的是要从今后的人生经历中去验证！

员工：空虚如何与成功挂钩？虚荣如何与成就等同？我觉得张总这个理论是一个彻头彻尾的谬论！这不是真理，是谎言！

总裁：每一个英雄都经历过血淋淋的你死我活；每一个成功

者都经历过跌宕坎坷；当你生死不能时，你空虚；当你死而复生时，你虚荣；当你爱而不能时，你空虚；当你爱而不敢时，你虚荣；而空虚和虚荣的支撑点是什么？是欲望！

人啦，是一个说不清楚的动物。大家回想一下：

当你是一个婴儿呱呱出世时，你的两只手是不是紧握着拳头？这是什么意思呢？抓着！握着！抓着什么呢？钱！握着什么呢？权！要钱！要权！要全世界！这就是人的本性。也就是说：人一出生下来，就存在欲望，就确定了本性。接下来，在他的一生中为了欲望、不满足而一路拼打下去，于是，弱肉强食、烧杀抢掠、尔虞我诈，男盗女娼也随着人一生一路展开。

然而，大家再回想一下：当你玩玩完一生，安静地躺在棺材里的时候，那两只手是个什么样子呢？它不再是原来握得紧紧的两个拳头，而是无力地张开着，它永远也握不拢了！这双张开的手表示什么意思呢？也就是说，人死了，什么也没有了！什么都带不走，带走了也是陪葬的！谁愿意去葬呀？

用下面一段话来形容人的一生，也许有一定道理：

出生一张纸，痛苦一辈子；文凭一张纸，奋斗一辈子；

婚姻一张纸，折腾一辈子；做官一张纸，斗争一辈子；

金钱一张纸，辛苦一辈子；坐牢一张纸，后悔一辈子；

名誉一张纸，虚荣一辈子；看病一张纸，花钱一辈子；

火化一张纸，了解一辈子；淡化这些纸，明白一辈子；

忘了这些纸，快乐一辈子。

当然，我们不能用消极的眼光处世，世界还是很美好的，活着有很多乐趣，活着就什么都有。

是的，当你有100万时，你还想要1000万；当你有1000万时，你还想要1个亿！当你有1亿时，你猛然会想：我要这么多钱干什么呢？原来人生缥缈，四大皆空！此时，你也许会觉得人生自己失去的太多，享受比别人太少！

但由于你的成就，你也会猛然感到：你得到了别人得不到的充实——过程！一个伴随着空虚、虚荣而达到成功的过程！这就是你最终得到的超越一切的人生意境——成就感！所以，真理有时候是没有逻辑的！

任何真理的诞生都有实践的检验！任何谎言的出台都有假设的存在！我们不要轻信真理，但要有存在的假设！

员工：好！……

（长时间掌声）

员工：那你如何理解"实践是检验真理的唯一标准"这句话？

总裁：既然是真理，那它已经经过了实践的检验；既然还要实践的检验，说明它还不是真理！道理很简单。

员工：伟人的话句句是真理吗？

总裁：伟人的话多数是假设，少数是真理，他们通常通过假设而求证真理，最终得到正确的结论，然后他就成了伟人。

一个错误的命题，往往会导致一场错误的运动；而这个错误的运动，会让一个国家落后几个世纪。所以，我们以后对每一个伟人的话要三思而后行，因为他们的话并不"句句是真理"。

员工：那我们以后对你的话是不是也要三思而后行呢？

总裁（笑）：我不是伟人，你必须执行。

（现场大笑）

周玄毅（嘉宾辩手）：我想总结一下刚才"压抑"的话题，首先我想大家都错误地领会了蒋同学的意思，她的意思是说作为一名法律系的学生，同时又是一位搞辩论的辩手，张总如果跟她进行交流会觉得很压抑。比如说张总刚才问的这个问题——你说你压不压抑，我们的蒋小姐会说，首先你要咨询我愿不愿意说我压不压抑，然后你要告诉我，我说压不压抑之后会不会有什么后果，这是一个法律系的学生所必然有的思维，所以呢我觉得一个老总如果是对这样一位下属一定会压抑。

第二点我想谈一谈就是压抑这一点。如果是一个人投入到一个集体要做一件比较艰巨的事情，必然产生压抑的。不管是各位千里马集团的员工，还是老板，还是我们这些辩手，要面对一次大的比赛的时候，我们都会很压抑，但是实际上这种压抑应该来说是做成一件事业的时候一个必要的因素，因此我非常同意张总的意思。

员工（应聘者）：首先，我想先提个建议，我们从进入千里马公司开始，从 1 楼到 7 楼发现了不少的墙上张贴有我们张总裁的语录，每句话我们都认为说得很精彩，但是我们有自己的一个想法，是不是把下面"张鸿毓"三个字去掉更好？

总裁：就这个问题？

员工：还有，如果说只要我们千里马的员工他们自己有创意的想法、说得比较好的说法，是不是也能够享受张总裁您这样的待遇？是不是也能够把他的话贴在墙上？

总裁：第一个问题告诉你，"张鸿毓"三个字不能去掉，坚决不行，同不同意？

全体员工：同意。

总裁：为什么？

某员工：是老板。

总裁：错了，不是因为是老板，是品牌，张鸿毓已经不是人了，老板是商品了，你们把我全给卖了。

为什么要加名字？我再解释一下，开始是没有名字的，是我定的，后来加名字也是我定的。这是千里马集团的资产、资本，是专利，也是威慑力，不得抄袭。告诉大家，那些话是我多年管理经验的积累，总结出来的精华、经验，所以是我的，怕什么？有人一到我办公室里就说：哦，又见到你了，张主席，我们一路看到主席的语录。没有关系，开个玩笑，在企业内部应该有严肃性、严肃感，就应该有威力。是企业，打拼市场就应该有霸气，应该有敢于随时牺牲的准备。

第二个问题，我觉得哪位员工有好的语言，我不仅仅是可以把他的语言贴出来，我还要奖励。

员工：张总其实对英特网独有情钟，只是含而不露，我们都知道你从 1994 年开始就在美国运作网站，我们的网上药店在国内被炒得沸沸扬扬，你为什么不把握机会乘胜追击呢？

总裁："炒"的机会和"成熟"的机会概念是不同的，我从没放弃过网站项目，只是你们不知道，也不可能知道内情，公司这么多的网站就是例证，未来的世界就是英特网的世界，谁掌握了英特网谁就掌握了世界，何况我是学传媒专业出身的。

员工：我和你出差时见你有张携程卡，请问你如何评价沈南鹏？

总裁：杰出、优秀，钦佩！

员工：我们的药店网站今年 3 月 29 日开通时即遭到有关部门的封杀，请问张总，当企业遇到这种情况或遭到媒体负面报道时应如何应对？

总裁：关于网上药店的情况大家都已知道，我就不重复了，当时有关部门和我公司领导一起上北京到部里进行了辩论，中国"千龙网站"也在网上以我们网上药店为由头展开了一场全国性的电子商务问题的讨论，一个月共 11 篇讨论文章，最终我们得到了支持，并成为政府的试点，而且网站名气大增。当时中国各大媒体对我公司网站被查封一事众说纷纭，当然有好有坏，但负面报道只要一篇足以将企业毙命。

面对私营企业在发展过程中所遇到的各种刑事制裁、民事制裁、行业封杀和媒体负面报道，我们应该如何应对呢？

我的体会是：犯了罪就伏法；没犯罪就坚持，错了就改，但最主要的是在经营过程中尽量不要去做违法的事情。尤其是媒体的负面报道，我是记者出身有体会，不要与媒体过不去，毕竟媒体把你曝光已成公众实事，我们只有顺应媒体批评的内容迅速矫正不良的一面，即使是冤枉、委屈，也不要去大喊大叫，而要小心翼翼地解释，从而得到媒体的理解，然后再做补充正面报道，达到此事即不伤肝，又消除不利因素而且还对未来起到积极作用的效果，何乐而不为呢？

我曾经说过：媒体是水，老板是舟。水能载舟，也能覆舟，就是这个道理！

当然，在经营过程中难免遇到敲诈勒索、打击报复之事，你顺应他吧，良心不为；不顺应他吧，损伤吃亏。这种情况之下，个人的情操往往决定一切，所以要因人而定。

其实两种情况下你选择任何一种都会吃亏，顺应他吧，良心一辈子受到谴责——吃亏；不顺应他吧，皮肉、精神一辈子委屈受苦——吃亏。

既然选择任何一种都是"吃亏"，我张鸿毓永远选择后者：决不屈从！

（长时间掌声）

第 *19* 辩

市场经营
最终是思维经营

2000 年 5 月 28 日

总裁： 好，在三位辩手的援助下我们继续辩论。

员工： 张总，您好！我是网络公司商务部的员工，我叫付明，很高兴参加您这次世纪答辩日，我的问题是：现在很多民营企业都在进行激励方面的改革和改制，包括股权这方面的激励，我想问一下张总，在这方面有什么具体的计划和实施的日程？

总裁： 股权是个法律问题。但依现在的市场经济来讲，可以分两个部分来看，一个是法定的股权，一个是企业奖励的股权，或者说期权。

法定的股权注册在工商局，那是要承担风险的，期权一般不管风险只管利益，这两种形式的股权企业都可以拿出来奖励，只是股东们将比例确定好就行了。

你所说的可能是公司能否用一个期权给大家一个奖励的话题。咱们公司股票奖励方面有一个构想，至于实施的日程我巴不得立马进行，这样会极大地激发大家的积极性，没问题。就这样解释，请问辩手们有没有助威的？

袁丁（嘉宾辩手）： 我听张总的意思是说如果我们的公司壮大之后，这个股权和期权的问题必然会有一个激励的机制出来，但现在没有。我想意思就是说因为风险比较大，可能会出现一些问题。据我所知，有股市就会有风险，而且公司越大之后，风险不一定变得小。爬得越高摔得越重，现在有风险，将来也会有风险，那为什么现在这个风险成为阻碍您采取这个激励机制的一个手段，而今后这个风险却不成为阻碍它的一个原因呢？

总裁： 期权在任何时候都不会有障碍，关键是在什么时候推出最有价值？我还担心没人要呢。

员工： 我叫陈庚，我想问一下：作为一个企业，作为一个老总，一个产品要想做长久，他最重要的一点是什么？

总裁： 公司墙上面有一句话："人都有一个信仰，人都有一个赖以生存的精神支柱，企业的精神支柱就是企业文化。"

当两个企业势均力敌的时候就靠企业文化取胜。谁的企业文化好，谁就能取胜。所以我认为企业文化就是企业取胜、赖以生存的精神支柱。

一般人做不到的实际上就是企业文化，因而，作为一个企业，作为一个老总，一个产品要想做长久，他最重要的一点就是：经营好企业文化！

蒋舸（女，嘉宾辩手）： 刚才您一直在说企业文化，不过这

因为我们知道有很多人也许他踏进社会第一步就走到了这个地方来了，他有很多潜质是要把他表面上的那一层书生气打磨光了以后才显现出来了，如果他来了，他一个月没有显现，两个月没有显现，您是不是就把他赶出去了？如果赶出去那第三个月他显现出来，那您岂不是很亏？

（掌声）

总裁：如何发现和发掘一个人的潜力，我首先要看这个人有没有悟性。"悟性"是我对员工素质的第一要求。

蒋舸（女，嘉宾辩手）：就说因为刚才我问的是一个人才发掘的机制，我觉得任何一个机制都要大家共同努力来创建，而且千里马集团以后越发展越大，集团的人员也越来越多，我觉得不能够说人才只是靠最高层的领导一个人来发掘，您是不是想过要有一种很固定的模式来发掘人才，而不是说只靠您一个人呢？

总裁：对，有制度，要不然这么多的公司如何去管理呢？有些人一进来，根据他的履历，跟我简单的交谈，我就了解了这个人的做法，首先是大胆地让他去干，这是我的做法。

很多的总经理对我不满意就这一点："张总，太大胆了，拿这么多的钱给这么个人去干。"

我不给他一个空间也没有道理，我还是要给他一个实践，但是在实践当中，我来发掘他。也就是蒋舸所谈的问题。如果他做错了事情怎么办呢？往下做做不出来怎么办呢？错了你怎么对待他呢？是不是说他就是一个庸才呢？

如何给他机会呢？我有三步曲：既可以上又可以下，你今天当总经理，不行，换人，明天下来，下来并不是说你永远不当总经理了，你还可以上来，我们公司反反复复有三四个这样的干部。错了，给你一次机会，可能我跟你的定位不准确，换个地方，这个地方也不行，那就要看他的心态。这个时候就要分析他的心态，是不是没有用心来做这个事情，或者根本就没有市场经济这根弦，没有这个三企工作的经验，那就是另外一个问题了，所以我不是一板子把他打死。

你当然说得对，人才不是靠老板一个人发掘的，要有人才机制，我们已经有了人才战略机制，要把这个机制用活，才能把人才挖掘出来。

员工：我是网络公司的，我叫张敏，我想问您一个问题，因为平常您一直都在说你是一个要求完美的人，或者是一个近乎完美的人。那么我想问，您这种性格对您今天取得的成功有什么样的作用？您认为这种性格是好还是不好？第二个问题是，我想问一下，这种性格对集团今后的发展能够起到一个什么样的影响和作用？您认为是好还是不好，两个方面您怎么看？谢谢！

总裁：这个问题是不是我上次会议透露过这个观点，我说的完整的意思是我是一个追求完美的人，并不是说我是一个完美的人，我是力求在各个方面追求完美。

好还是不好？如果让我来要求你好不好？但是我是这样来要求我自己的。

因为你追求完美，所以你活得太累，这个千里马公司不是要大家都去牺牲，牺牲一个足够了。

为人师表老板先做好，但是你说好还是不好，我只能这样回答：让我去要求你们，我说不好，不需要你这样太完美，轻松一些，休闲一些，自由自在一些，这是人类追求的目标嘛。但总要有一个领头人。

为了千里马的大业，为了中国市场经济在国际上能争得一席之地，我已经做了这一点，到今天为止我已经做到了这一点——努力追求完美！

员工：假如公司的青年人都向您看齐，我估计公司里就是王老五的世界了，而你就是名副其实的钻石王老五了（笑声、掌声）请问事业与爱情不能两者兼顾吗？

总裁：……关于爱情的哲言太多太多，我就不能是其中的一种吗……

蒋舸（女，嘉宾辩手）：想插一下，刚才您说是因为不能兼顾，我想问一下，如果兼顾，会对公司产生什么样的影响？

总裁：我没有说不能兼顾，我说可以兼顾呀。

蒋舸（女，嘉宾辩手）：不是，我的意思是说您的意思是客观条件使得您现在难以发挥您的主观能动性，我的意思是说如果客观条件允许，你的主观能动性能够发挥出来，那会不会对公司，比如业绩什么的造成很大的影响呀？

总裁：问题是我没有办法去兼顾它，我的秘书专门安排我汇报，没安排我去谈恋爱。（笑声）至于对公司造成什么影响，我想还不知道是什么影响，大家又没告诉我，到现在为止又没有人跟我交谈这个问题。员工一谈就是谈工作，不过，我也可以坦率地讲，我确实有些担心两者兼顾会给公司、个人事业带来麻烦，加之工作狂，正好让那种犹豫钻了空子，致使我一直没能"两者兼顾"，但我也可以发誓，如果我有一天"两者兼顾"，我将一定会成为一个优秀的"两者兼顾"者……谁举手……请说。

员工：我问一个问题，我是网络公司喻志奇，刚才总裁在2001年的规划中提到我们网络公司将会亏……

总裁：你不是辩论这个"两者兼顾"的问题？

员工（网络公司喻志奇）：不是这个问题，我对爱情问题没什么大的兴趣。

总裁：哎，怎么样蒋舸，还不是有人没有兴趣！我插一句嘴，最近我收到一个员工的母亲写来的信，信中说她庆幸她的儿子找到了一个监护人，担心他到一个地方去会学坏，到了千里马公司则非常放心，等等，她说她的儿子为什么还不结婚，儿子跟她说"我着急什么，张总都没结婚，我结什么婚啦！"不要拿我到你们家当挡箭牌，这不好，都骂我，天下父母心都是一样的。好，接着说吧。

员工（网络公司喻志奇）：谈到网络公司将会亏损300万，我想问一下这是基于哪几点理由？

总裁：网络公司可能亏损300万，这是我做的计划。这个方面主要是人员的投入，设备已没什么投入了，今年已投得够多了，主要是这方面不可预测的效应。那么网上销售、电子商务在中国能不能真正地实现，目前是个问号。中国到底有多少个家庭有电脑要仔细地去琢磨，我们千里马的员工还是可以的，你们有几位私人家里有电脑的？站出来。然后中国有多少？然后你这个网站能够实现多少？

所以在中国实现这种电子商务不是时候，即使是美国也不是像他们所吹的那样，所以我们把网络公司认认真真地做一个企业的传媒，一个媒介，把它运作好，我们朝电子商务发展。我曾经批评你们邹总，我在飞机上看到《海南日报》说海南上个月18号实施了第一笔网上交易，是中国的医药网站第一笔交易，我说你这个总经理怎么当的，三个月前我们就实现了网上交易，它怎么成为中国第一家呢？为什么我们这个事情不宣传？所以自己要发掘，不是要炒作千里马的网站，而是要带动这个社会都朝电子商务上走，带动百姓们都来认识这个问题。这是千里马要做的真正的有意义的公司，就这样回答你。

员工（浙江省总马军）： 您说有才无德您不用，我想请问一下，如果现在有两个人站在你前面，第一个人他能够给您带来一千万元的利润，但是他贪污您一百万，第二个他只能给您带来五百万的利润，这两个人，您用哪一个？

总裁： 第一个：等1000万到位后立即将他法办，之后不用；第二个继续使用。

员工（浙江省总马军）：您说那个贪污的人是有德还是无德？

总裁：他是怎么贪污的？

员工（浙江省总马军）：比如说他吃饭，吃了一百块钱，报一千块钱，那不就是有才无德吗？您用不用呢？

总裁：不用。

员工（浙江省总马军）：那我请问一下，如果他是这种贪污，您为什么不用公司的规章制度让他没有这种贪污的余地呢？也就是说腐败要根治于腐败产生的土壤，您为什么不把这个土壤搞好一点，制度搞好一点，让他没有机会去贪污？这样既对公司有利……

总裁：中华人民共和国的宪法不是已经很健全了吗，为什么还有省长都要被枪毙呢？

蒋舸（女，嘉宾辩手）：其实中华人民共和国的宪法一点都不健全（笑声），这不是我说的，这是我们宪法老师说的。不过我倒是觉得有一点，就是说确实制度本身是很好的，但是制度本身是一个死的东西，制度需要人去运作，所以再好的制度没有好的人，也很难说它是好的气氛生长的土壤。我们国家民事诉讼法现在比较而言还是比较健全的，但我们的民诉老师总是在上课的时候骂法官，他说为什么有了好的制度就是没有好的人，那些案子还是办不成！

总裁：咱们这个法律系的高材的名嘴说中华人民共和国的宪法不健全，我觉得这个宪法早就该修改了。就是因为我觉得中华人民共和国的宪法不健全，所以我才制定了另外一部"宪法"叫《千里马管理法》，我认为这个《千里马管理法》比较健全，只不过很多人没有去细细地执行和领会它，刚才马总说这个话，我就认为你这个省总有欠缺的一面，你根本没了解透公司的这些制度，你上网看了没有？熟悉没有？手上有没有？举哪一个方面的例子，我都可以拿得出公司非常强硬的制度，问题是实施不了，这就是中国人的素质的现实摆在我们社会的面前，中国人的很多方面的素质跟不上国际发展，不是人不行，而是氛围不行。

不是没有人才，是人才不知道怎么走向。

员工（浙江省总马军）： 我还有问题没有问完，就是后续的

总裁答辩日辩论会场，浙江省总经理马军

两个问题。既然钻了制度的空子，就说明这个制度本身还不完善，起码《千里马管理法》还有不完善的地方。第二个问题就是蒋舸……

总裁：你不要跟我谈完善不完善的问题，你们根本就没有告诉我，他这一百万是怎么样拿走的。

员工（浙江省总马军）：我们前提假设他已经拿走了。

总裁：那我就假设这个问题是完整的。

员工（浙江省总马军）：那他怎么拿走了呢？

总裁：你怎么拿得走呢？你拿不走。各位，谁在公司拿走一百万了？你怎么拿的？他们是在触犯法律，公司督察办了、抓了人吗？丢到监狱里面去了吗？这不是手段吗？

员工：我是网络公司的罗晓兰，我想问一下您，您对网络公司近两年内赢利的前景是如何看待的？

总裁：刚才开会已经说了，不重复。

员工（网络公司罗晓兰）：您说的是可能会亏损300万对吧，也就是说您是不看好这个赢利前景的。

总裁：不是，是我们准备拿300万让他去损失，准备投入进去的。

员工（网络公司罗晓兰）：那您是看好这个盈利呢，还是觉得他很有可能会亏损呢？

总裁：如果我不看好这个行业，我为什么还拿300万去给呢？

员工（网络公司罗晓兰）：如果这样，那我就想问一下您，您认为如果说这个网络公司会赢利，那您认为它会表现在哪些方面呢？是像以前的"眼球经济"，还是电子商务呢？

总裁：我刚才已经说了，社会经济造成的，不是网络公司没能力。

员工（网络公司罗晓兰）：那如果这样说，您认为在中国做网络赢利是一个时间的问题，还是一个概念问题，还是一个社会的问题？

总裁：是一个社会综合水准的问题，不是一个方面的问题，银行有问题，国家的管理机关也有问题。我们拿300万去亏损的目的就是等待长线的回报，有时候一个老板要有长期投资回报的眼光。也许一年后我们拿回了3000万呢？这叫"欲擒故纵"！

袁丁（嘉宾辩手）：我有一个问题，刚才谈到那个网站的问题。我没有到美国去过，但是据我所听到的一些东西了解，美国有很多网站特别是做电子商务的在亏，特别是亚马逊一直在亏，我们到下世纪中叶才能发展到中等发达国家的水平，赶上美国可能要100年，您说这个商务准备拿300万让它去亏，您打算是继续亏100年，还是50年？

总裁：只要网站的作用能够发挥，不是100年、50年的问题，可以一直亏下去，只要它亏得起，所谓的亏，是经济杠杆作用上亏，但可能在其他的方面产生价值。从其整体意义上来讲不算亏。

美国的政府和中国的政府在思维上有一个最大的区别，也可能是文化上的区别：

中国强调两个指标：第一，资产；第二，利润。

美国不是这样的，美国人讲究的是社会容纳、接受量，也就是说他不管你这个公司有没有利润，你的公司没有利润是否可以上市，他讲究的是你的市场份额。

亚马逊为什么亏，政府还支持他？因为他有一个巨大的书店市场，这个书店市场让很多的消费者买到了书，看到了书，学到了文化，学到了知识，这才是我们社会需要的，根本不管你亏不亏。美国讲究的是市场占有率，你的市场覆盖面，你的容量，只有你这个东西越大，国家收的税、抽的头才越多。这一点我们应该向人家学。

周玄毅（嘉宾辩手）：我很同意这个观点。网站的价值并不在于它赚多少钱，回到我们集团做药这个本行上来看，您怎么看哈药集团这种狂轰乱炸似的药品宣传，有人说他把这个大规模的、粗放式的经营已经推展到极致了，同时这种极致也会带来效应，您对哈药集团这个效益看不看好？或者说您的这个集团会不会走这条道路？

总裁：哈药这种轰炸式的效应也是其中的一个手法，正因为中国市场乱，哈药集团钻了一个空子，中国人比较迷信这种大气势、大实力的企业的品种，但哈药是不是最好的品牌呢？未见得。哈药集团的企业文化是不是第一品牌？未见得，但至少还不错。诸如此类的很多的上市公司，我们很清楚，年年在亏损，但是抱的品牌非常大，这不是代表这类公司是一个能够永久生存的标志，这个公司真正的生命力有多少，并不是用其间的利润指标来看待的，要看企业内在的构造，这个企业内在的构造是不是已经具备了发展的基础，这个东西最重要，所以哈药我们只看其电视广告，还没有深入到其内部去。我想像这样的企业像这样轰炸地走下去，当然会飞跃非常快，非常地有发展前景，但是如果企业内部的构造埋下了很多问题，将来有一天，一砸下去，就不可收拾，就是说这其中埋藏了许多危机，这样的案例已经不少了。有可能是这样的，所以，企业的发展要稳步，要谨慎，要走一步看一百步，要把整个的前景先构想好。

蒋舸（女，嘉宾辩手）：我觉得哈药集团的那种发展模式是在广告宣传上过于走极端了，不过就我个人情况来说，可能是我在学校里面比较闭塞吧，其实我以前并不知道千里马这个品牌，您是不是就会觉得如果您都愿意明年花 300 万在网站上亏损，您说其效益不是体现在亏损上，而是可能体现在网络对这个品牌的宣传上，为什么您就不愿意用 300 万，比如说去做广告啊，或者是其他的方式宣传千里马呢？

总裁：概念上不是这个意思。网站亏损 300 万是对其自身而言，对投资大股东千里马集团来讲是投入，是投入到这个 IT 产业上去，所以这个公司准备亏 300 万是最坏的打算，因为这是一个独立核算的机构，你们准备财务亏损，是这边投入进去，只有说这边赚不了钱的时候，那才是真正的亏损。但可能由于网站的作用，那边的市场赚了 300 万的利润呢？那就是堤内损失堤外补哇。

袁丁（嘉宾辩手）： 我想蒋舸的意思是说现在至少在中国的大部分地区大部分人对网络知识还是非常贫乏，很多人根本不上网，与其投入 300 万到网络上面来，不如把这笔资金投到电视或者是报纸这种常见的媒体上，可能会更有效果一些。

总裁： "如果我拿 300 万投网络，我不如拿这笔资金投广告"，但是网络和医药公司是两个独立分开的部门，是因为这边有资金给网站去发展网络，是让将来一旦这个网络起来之后或者能产生巨大品牌效益的时候，网络效益可以还得回来。现在是投入期。当然这样比较起来，投广告能产生价值。但不是投网络的广告，是投卖胃痛安的广告，卖巴威的广告，是投产品品牌的广告。拿出钱去投 IT 产业，这是我们未来 5 年计划中信息产业的一个部分。我们现在要打基础，要发展网络，是不能让网络断线，要看得见网络未来的效益，老板一定要有这种眼光。现在是投入期，为什么要用这种方式走过陷阱，而不像别的网络公司一样？是因为我们有强大的企业品牌在后面作支撑。

员工（湖南省总范志雄）： 我们千里马药业的药品主要是传统中药，您凭什么要选择传统的中医药作为千里马药业的主打方向？

总裁： WTO 世贸协定你知道吗？

员工（湖南省总范志雄）： 知道。

总裁： 你觉得世贸协定实现以后，我们医药市场会有什么变化？

很简单，跟你报三个数据，中国人口是多少？占世界人口的多少？其次最多的人口是哪个国家？第三人口大国是哪个？中国、印度、印尼这是人口最密集的地方，印度有其自己传统的药品，不管它。印尼对中国来讲，空间很大，印尼有四亿人口，中国有十几亿人口，加起来占世界多少人口？这些人基本上吃中药，这是一个优势。

WTO以后，外来的西药进来了，你做不过外来的西药，即使你做得过西药，你自己都还迷信他的西药也不迷信我张老板的中药，你认为他是洋派药，吃得睡得着些，未必？消费者这样认为没有办法。所以，我们把中国的东西做好，并不是说一定追求中国的民族自尊心，不要这样，外来的要接受，两者都有优势，不要一味地认为自己就是中国人，为中国人争气，外来的就抵制，不是这个意思，看市场，实事求是，谁能发展就搞谁。

美国人发展就跟他搞，中国人发展让他跟我搞，这就是我定位我们的药业公司只制造中药的原因所在！

员工（湖南省总范志雄）： 张鸿毓总裁先生，下个世纪您想成为一个什么样的人？企业家？思想家？还是……

总裁： 我想你们都已经知道了，我说了那么多，表了那么多的态了。这个问题实际上已经回答了。

员工（湖南省总范志雄）："让社会完整地了解企业的个性"，这是集团的 CC 观，请问张总先生，千里马的企业个性是什么？

总裁：难道你还不知道千里马是什么样的个性吗？

蒋舸（女，嘉宾辩手）：我插一句，您觉得千里马的个性在多大程度取决于您的个性？

总裁：90％。

蒋舸（女，嘉宾辩手）：有一个可能不是太礼貌的问题。我想问千里马毕竟是一个要长期生存下去的企业集团，那么您觉得如果说以后您已经不在千里马，您觉得千里马的个性还是应该保持您的原样还是怎么样呢？

总裁：哎呀，你这个问题问得我好寒心啊。

（笑声）——经常夜深人静，我一个人呆在办公室里，老鼠一爬动我就心惊肉跳，睡在办公室后面的时候，常常猛然梦中惊醒，感到内心一片苍白呀、恐惧呀、空虚呀，我还真担心，假如有一天我不在千里马了，情况是怎样呀？所以我在平常就埋下了很多很多的炸弹。

什么是炸弹？第一个，就是培养省总，这是我第一件要做的事情，省总要培养什么，就是刚才你蒋舸最关心的问题，不是培养他去抓钱，而是培养他去做人，首先学会"先创人格品牌，再创商业品牌"，学成了，他接班的时候，他就会完美地把千里马这杆旗子继续扛下去。当然，其中有奥秘所在。第二个，培养企划人才，给企划人员强行灌输我个人的理念，然后让他们在未来永远去影响企业，这时候的企业个性当然也有新老板的影子，当然未必是保持我在的时候的那种原样，但那又有什么关系呢？那时候他已经丰满了，我所灌输的理念他都融会贯通了，他已经是千里马的老板了，既然他是老板了——我不是说过吗：老板个性引领企业文化，那杆旗现在是他扛着，那当然是由他"引领"啰！

（长期掌声）

到那时，我也就瞑目了。

（笑声、掌声）

员工（网络公司总经理邹隆伟）： 我想谈一下我的观点。第

一点是对袁丁先生一句话——互联网这个事业到底能不能盈利？我认为绝对可以盈利，现在也可以盈利。这是我的第一个观点，关键选择什么样的模式和怎么样投入的问题。第二点是对张总您的一句话——中国的环境开展电子商务不是很合适，我认为同样可以开展，关键是采取什么样的策略。第三点我想谈一下我的看法，如果张总每年加大网络公司的投入，我有信心网络公司每年就可以盈利。

总裁： 说得好。我不是说环境不好，不能经营。大家都知道我这个人性格是很倔的，说的事一定要办到的。实际上说白了，网络公司明年准备继续亏下去，准备拿 300 万去亏，拿 300 万投到你网络公司上去，就是因为我看中了你这位总经理邹隆伟，你的精神值得去投，这 300 万是投给你的，让你去亏去，不要滥用。但你可千万不要产生 1000 万的价值时贪污 100 万啰，那可不行啊。

（众笑）

员工： 我们千里马公司已经是跨国公司了，我想问您我们营销公司的将士都还没有出过国，在您的规划中，是否有带我们出国的时间计划，具体是怎样安排的？我们的工资单什么时候开始像美国一样按周计酬，拿美元？谢谢！

（笑声）

总裁： 去年"五一"我已经带了 20 多个干部出了国，今天晚上还有咱们千里马艺术团，受国家文化部之托，代表"中国"

与三大辩论国嘴，武汉大学的蒋舸（右二）、袁丁（右一）、周玄毅（左一）

赴匈牙利参加世界艺术节比赛（明天早上），作为一个私营企业能代表一个国家，这是中国的第一次，是我们千里马莫大的荣幸，很多演员是刚来两三个月就出国哇！谢武宏前天还跟我说了，"明年我完成任务，张总裁我对你什么要求都没有，只有一个要求，你带我去一趟美国"，我说：好，明天你任务完成了，我带你去两次美国。

至于什么时候能够实现跟美国一样以周工资计算，我告诉你，1994年就实现了，但是推广不下去，咱们现在公司每人有一张工单，这张工单就是我1994年设计的，比美国人设计得更科学更漂亮。美国人就是每周星期五发工资，星期六、星期天花光，星期一如果这个工厂倒闭，他就没饭吃，他们是不存钱的。我们已经实行过，不是没有实行，周工资制实现了，后来财务叫苦，很多问题，没有办法，后来又实行两周制发工资，又不行，最后还是按照传统习惯。在中国大气候没有按周发工资前，千里马公司无法实施，但是我们的制度早已先行几年。至于说什么时候以美元计算，我们只等外管局这个外汇一放开，我就把你的人民币折成美金给你，没关系。

（掌声）

第 *20* 辩

先创人格品牌，
再创商业品牌

2000 年 10 月 28 日

总裁： 又到了 28 号，不知大家对我们的"总裁答辩日"感觉如何？这是一个非常特别的日子，特别的日子有特别的话题，而每一个话题对我们的企业管理都是有特别价值的！谁先来？

员工： 据说张总在近期有个卫星营销计划，能否透露一下？

总裁： 不是什么机密。在稳固市场的基础上，开始滚动发展，加强攻击大城市（省会城市）的准备，这个准备即卫星城市计划。

卫星城市计划就是在重点进攻大城市之前，先从其紧临的周边县市做起，形成包围之势，向中心渗透，周边县市稳固后，中心大城市也已形成一定的市场氛围，再集中打大城市攻坚战。

实施卫星城市计划将采用"集中优势兵力、分击合围、各个击破"的方针，开发一个市场，稳固一个据点，使之变为成熟的市场，再开发下一个市场。步步为营，滚动拓展。

员工（李海）： 请问一匹千里马的价格是多少？

总裁： 无价！

员工（李海）： 那为什么我们销售公司刚进来的这批大学生都是一样的工资？

总裁： 你们现在还不是千里马，只是一头小驹，我让你们学电脑管理软件，组织你们培训，就是在给你们灌输知识和经验，我希望你们努力工作，度过这个阶段，发挥出自身的价值，把自己尽快锻炼成为一匹千里马。

员工（李海）： 请问张总，您参加工作第一个月的工资是多少？

总裁： 28 元。

员工（肖平爽）： 请问张总，您现在的工资是多少？

总裁： 800 元。

员工（王敏，女）： 从创建千里马到现在您感觉辛苦吗？

总裁： 很辛苦。

员工（王敏，女）： 是不是准备继续辛苦下去？

总裁： 是，因为我别无选择，人在江湖，身不由己。

员工（王敏，女）： 请问对您影响最大的事是什么？

总裁： 父亲的去世。

在"文化大革命"时期，当我得知别人因为家庭原因而看不起我时，我就开始恨我的家庭。从那时起我就没有再喊过我父亲一声"爸爸"，一直到他死。这是我的终身遗憾，然而，在他死的时候，我又突然抱着他的尸体大叫"爸爸"，可他已经什么也听不见了……这件事对我影响很大，大到多大？以后再告诉你们，好，总裁答辩日什么都可以辩，但我希望大家放我一马，这个话题就理解我一下吧……

员工（王敏，女）： 那您是怎么对待您的亲人的？

总裁： 我只能告诉你两个字：内疚！

员工（王敏，女）： 您最爱的人是谁？

总裁： 我自己。

员工（王敏，女）： 除了您自己之外呢？

总裁： 千里马的每一个忠实的员工。

员工（王敏，女）： 我问的是私人问题，请撇开公司。

总裁： 祖国！

员工（王敏，女）： 还是不对，我直接问吧，很多老板都爱自己的秘书，你会吗？

总裁： ……？

（下面大笑，催张总回答）

总裁： 秘书是为公司做事的，很多地方的人可以爱，为什么非要去爱一个秘书？我的秘书个个都能干，而且离开后都很有出息，他们确实很可爱，但未必要产生爱情呀？就是因为我一直没有这方面的纠葛，所以，公司一直很平稳，几乎没有男女之间的风浪、绯闻。至于你说的别的公司的这种现象，那是别的老板的选择，是他的自由和权利，我不讨论。

员工（程继伟，国际部）：张总，假如您长期出差回来，发觉别人把您的朝纲给改了，那您回来怎么办？也就是说您是利用什么手段来控制您的公司的？

总裁：这个不用担心，因为千里马是私营企业，不像国有企业存在争权夺利，一朝天子一朝臣。我就是老板，我的法人代表是不能更改的，改为股份制以后，有可能。首先看他改得对不对，如果朝纲改得对，我就承认它；如果不对，我有权力再把它修□□□□□□□□□□）：改了以后就是别人的朝纲，那你怎□□□□□□□□□□□。

□□□□□□□□□□）：对，是夺了权。如果你的一个对手□□□□□□你怎么办？

□□□□□□比我大，我服。

员工（程继伟，国际部）：那谁是老板，谁说了算？

总裁：他是老板，他就说了算。

员工（冯志刚，销售员）：我们的市场拓展计划已经在14号上午交给总裁，为什么至今没有答复？

总裁：这件事我很遗憾。因为我一下抽不出时间，还未审，相信只要是我看过了绝对不会积压，我会及时处理的。在此我向你道歉。

员工（童浩）：请问张总，你对公司现在在社会上的知名度是否感到满意?

总裁：基本满意。我公司有自己的企划，有自己的策略，什么时候推出去，什么时候不推，都是根据公司的实际情况。就说目前：一方面许多问题要冷处理；另一方面，在某些操作方面要热处理，这都需要技巧。

员工（童浩）：您对知名度达到什么程度比较满意?

总裁：如果大家都承认千里马公司是世界一流企业时就满意了。

员工（伊伟明）：我们公司为什么要选择拍《寡情》这部影片?

总裁：一方面与广告公司在影视方面发展的方向和我个人的专业有关；另一方面，外部也有一定因素，最主要是我被别人说服接受这一题材。他反映的是蒋介石与第三个妻子陈洁如的爱情故事，因为这一题材还没人碰，再就是想通过文化推动企业效益。这部影片拍成以后，已历经两年被封杀，一直想尽力把它推出来，现在可谓是千呼万唤始出来!

员工（王镝）：我和张总一样是华中科技大学毕业的。请问张总，你成功以后有没有想到为母校做点什么? 比如设一个张鸿毓奖?

总裁：我们在中南民族大学设了"千里马民族奖学金"，我不会设什么张鸿毓奖，没有意义，我也设不了。

员工（王镝）：那您有没有为母校做过什么?

总裁：做过！新闻系成立 10 周年之际我是系捐款最多的，后来也为中学母校捐了 10 万，最近应母校的邀请，正在准备给母校写一首校歌。

员工："文化大革命"给很多人留下了创伤，听说张总的家庭也遭到巨大迫害，请问张总，您对"文化大革命"有什么感受？

总裁：做人千万不要把过去拿出来旧调重弹，这是我要告诉大家的一个经验。

员工：假如没文革，您认为自己会有今天的成就吗？

总裁：你认为那样我就可以站在克林顿的位置上吗？

员工：请问您工作是为了千里马还是为了自己？

总裁：两者兼而有之，但主要是想实现一个梦想，用匹夫的心血和汗水，擦亮中国民族工业这块牌子。

员工（张宗清，连锁店）：请问张总，您喜欢哪一种运动？您有没有为中国体育事业投资的意向？

总裁：只要是运动我都喜欢，但我并不是不参与体育事业。

员工（张宗清，连锁店）：假如您是土生土长的民营企业家，您会有今天的成就吗？因为您曾在美国打过市场，您是否认为自己比其他的民营企业更具有心理优势？

总裁：我从来没有把自己和中国其他的民营企业家作比较。因为我曾经到过美国，所以我深切地体会到美国确实有值得我们学习的地方，所以我从来不排斥西方的文化，但也不是所有的都吸收。

我向大家介绍一下：今天有一位陌生朋友田先生，参加了我们的"总裁答辩日"，他是中国知识经济研究所所长，大家欢迎。

（掌声）

田先生（中国知识经济研究所所长）：我在此要强调第一点，我不是路过，是专程前来参加今天的"总裁答辩日"。第二点，我是前来给张总送聘书，经中国知识经济研究所的研究决定，张鸿毓先生为研究所的特邀顾问！

我自称是千里马集团的荣誉职工，我是特意从北京赶到武汉来参加今天的"总裁答辩日"活动的。我个人理解"总裁答辩日"对中国的民族文化进程是一个历史贡献。在这里我想提几个问题：

（1）千里马企业文化的核心是什么？

（2）千里马的历史使命是什么？

（3）中国民营企业在人格方面的最大缺陷是什么？

（4）民营企业在国际化进程中最大的障碍是什么？

总裁：

（1）千里马企业文化的核心是："让社会完整地了解企业的个性"。

（2）千里马的历史使命是：创世界一流企业，做天下一流人才！让世界了解、认同中国人，这是赋予每一个千里马员工的历史使命！

（3）中国民营企业在人格方面的最大缺陷是：不能克服自身障碍。现在的民营企业，缺少文化，缺少超越时代的精神。有个别的民营企业家为了成功，不择手段，等到资本积累到一定的数量后，再来捐给慈善事业。我不赞成，我从不做有损人格的事。我们要

先创人格品牌，再创商业品牌。

（4）民企在国际化进程中最大的障碍也是文化障碍。我到美国，我觉得我和他们有一定的接近，我从没有自卑感，相反还有一种前呼后拥的感觉。为什么？我一直把代表中国文化的东西作为第一行为呈现在他们面前，让他们感觉到新鲜、独特、凝重，所以受欢迎；如果我把自己打扮成美国文化的人，他们自身都有，他还要我干什么？所以自身的文化非常重要，没有很深的民族文化内涵，一个企业是很难走向世界的。现在知识经济在中国在世界起着越来越重要的作用，在上两周，微软的股票已成为美国第一股，为什么？就因为他们知道知识经济的价值！

在回答了田先生的四个问题后，我要加一个问题：政府职能问题，这个问题如果不解决，民营企业在中国只是一句空话！

记者：我是《湖北经济报》记者，我知道张总的"总裁答辩日"这一特有的自有企业文化至今为止还未向外披露，可以说我今天是以陪同有关人员的名义"混进"会场的，在这里向张总提

几个问题：

（1）前一段时间听介绍得知您也在新闻单位工作过，请问您的这段经历对千里马的发展有什么影响？

总裁：我是1985年大学新闻专业毕业后到湖北电视台工作，1993年正式下海的。作为一个新闻记者下海，可以说从高层次创办企业，我所接触到的社会感知对企业的文化有诸多方面的影响，如政治家的眼光、经济家的风险、艺术家的气质。

记者：（2）千里马集团在跨国经营方面有什么经验？

总裁：立足国风，顺应国际。

记者：（3）从外国的企业到中国的企业都一致认为一定要占领农村市场，请问张总是怎么看的？

总裁：应人口分布而定，农村市场在中国是一个很广阔的市场。我于1996年在考察随州封江后写下了一篇论文《让民营企业进入农业王国，让农业王国闪烁都市之光》，在该文中，对随州农村市场作了一个详细的分析，这是一个大手笔。农村市场有很大的潜力，但是，占领农村市场的问题很大，最主要的是看你的产品定位！

员工：请问张总，目前销售公司应注意哪些事项？

总裁：我提醒销售公司要做到以下几点：

（1）要扎扎实实地做好现已开发的市场。

（2）未来的市场要做好精确计划。

（3）要保证回款，使公司财务有一个安全感，才能放心大胆地投入。

员工：请问您以千里马集团中哪个部门或公司为核心，你对他们的工作表现是否满意？其他部门是否围绕该部门或公司运作？

总裁：一个集团性质的公司一定要确定一个利润中心，也就是要定位自己的支柱产业，我们的支柱产业就是药业。

员工：总裁，千里马经过几年风风雨雨发展到目前，是什么动力在支持您？

总裁：国人不再饥荒，国家不受凌辱，匹夫有责投戎。

员工：请张总裁解释千里马的资本营运模式。

总裁：把药业平台搭好模式就出来了。

员工：请问张总，您是如何面对困难？解决困难？是用金钱、谎言还是真理？

总裁：我用热情面对困难，用信心解决困难。用钱也不是不可以；谎言针对说谎者而编；真理是最终的答案。

员工：销售是生命线，目前销售公司许多业务员做事虚假，你将如何面对？

总裁：只要你有一次任何方面的虚假行为，你将永远失去信誉！

员工：尊敬的总裁先生，你是商人吗？

总裁：很多人说我不是商人，因为我不"奸"；制度硬，有时执行又不够狠；法办污劣时到最后又心软……

员工：你知道为什么吗？

总裁："人之初，性本善"，可能是因为太了解受苦人了吧，或者说太理解人的私欲？还是太"人情世故"？也许是太看重公司，不想树敌、结怨太多而顾全大局吧！

员工：都不是！

总裁：那你说是什么？

员工：是你的文化！你的人生哲学害了你！

总裁：难道我的文化、我的人生哲理不好吗？

员工：不是不好，是太好了，太理想化了！你想，当今世界有很多名言堪称经商经典，比如"只有永恒的利益，没有永恒的朋友"，而你却要搞个"先创人格品牌，再创商业品牌"；"不管白猫黑猫，抓住老鼠就是好猫"，而你却要搞个"制度第一，人才第二"，这还算商人吗？

（下面强烈鼓掌叫好）

总裁：什么是"商"？如何实现"商"人，是人！只有经营好"人"才能经好"商"！

（掌声更响）

员工：你这是务虚不务实！

总裁：反对……不，我保持沉默！

员工：张总一直强调经商要先创人格品牌，请问人格究竟如何从企业体现？

总裁：把"人"作好就体现出来了！先做人，后做事！

第 *21* 辩

化解矛盾是
一个领导者的第一能力

2000 年 12 月 28 日

总裁：看来，大家在三位国嘴辩手的助威下，越来越激烈，好，我们继续！

员工（大百步行政助理张丽霞）：请问总裁，"有话直说"栏目是否为您了解公司事件的一个栏目？

总裁：当然是其中之一。

员工：那么您如何辨别其真伪？假如在工作中对某一个员工有成见，他用该栏目来中伤这个员工，您如何看待及解决？您对这个栏目所提出的问题是否进行过真正的了解？如果没有了解，那您批示的"功不盖过，过不掩功"如何理解？

总裁：我作任何批示都不会那么霸道，都会有事实的依据，但对于纷繁的检举信无法论证的情况下，我们只能抓住一个处理一个，杀一儆百了。当然，一般都会或者说请督察部门去落实调查一下，正如你说的一样，我的说法是如果是这样，就怎么样，我前面有一个"如果"，但是，作为一把手，应该首先有协调的能力和缓解矛盾的意识，凡事以和为贵，和气才生财。

作为一个领导者，他第一个能力应该是善于化解矛盾，包括民族间的矛盾、领导层的矛盾，上下级的矛盾，甚至敌我矛盾。

员工：总裁，您好，我是大百步的一名员工，刚才谈到企业文化，"有话直说"这个栏目可以说是企业文化的一部分，马上进入 21 世纪，"有话直说"运行到如今，这个栏目出现了一些不足，比如说批评过多，表扬过少，不像是有话直说，倒像是批评直说。第二个就是大百步连锁店是一个经商的部门，该部门的敏感度比较强，我们大百步希望利用"有话直说"这个栏目增加我们这个企业的透明度和凝聚力，不光是企业内部的员工可以说，包括我们大百步的每一个供应商、每一个消费者都利用网上"有话直说"这个栏目可以直接说，这样企业才能找到自身的差距，完善自我，从而避免集团这些领导在企业里雾里看花，模模糊糊，看不出个究竟。

总裁："有话直说"它的意义……

周玄毅（嘉宾辩手）：我想问一下，是这样，刚才这位先生的意见可以这样概括一下：就是您如何防止"有话直说"这样一个栏目变成一个长舌妇、长舌公这样一个聚集地，同时您避免这样一个聚集地形成的措施又如何使大家继续还敢发言，就是如何保持这个自由度和这个可信度之间的平衡？

总裁： 怎么样才能相信这个事情是真实的呢？这是要进行调查研究以后才能得出结论，但是我是不是每一件事情都去调查研究和落实呢？绝对不会。为什么设计有话直说这个栏目，实际上有人在做假的时候，我就在想，我有时候就让别人来做假，我有意让你来做假，实际上很多话题我是看得出来的，哪些是真的，哪些是假的，如果这个问题是做假，我可能在他后面跟着他更加的假，然后你就把他拴住了，把他套住了，这也是其中的一个手法，那么更重要的是希望大家不做假，都说实话，说真话，但是这又是一个自由的园地，不可能每一个人反映的问题他进行了调查，有时候这个人做的事情恰恰是我指挥他去做的，他根本不理解，他就说他又干什么、干什么，有可能出现这种情况。那么"有话直说"这个栏目的设置目的是给大家一个透气的窗口，你有什么话，你说出来，而且我告诉你，这个栏目，我是必须每天看的。我有两个东西每天看，一个"有话直说"，一个"不良记录"，还有每天我收 E－mail，每天员工给我发的 E－mail，每一封 E－mail 就是一封举报信，大多数没有说公司的好话，大多数没有阿谀奉承的话，多数都是提公司问题的，这也正是我需要的。抓公司的弱点，公司好的地方，公司不会忘记的，这个不用谈，看得见，最重要的是怕抓不到弱点，怕抓不到问题，所以设计这些东西，是在找问题。

周玄毅（嘉宾辩手）：还有一个很严峻的问题，您觉得您的集团生产的千里马可乐（Chinamacala）与可口可乐比起来，或者说您的大百步连锁店和家乐福连锁店比起来，它们的生存空间在哪里？

总裁：你这个问题大概是比较高楼和茅棚，虽然住的都是人，但活法不一样。可以这样说，千里马可乐的前景是非常非常大的，其玄机是很多很多的。可乐——"cala"是碳酸饮料的名称，"cacocola"公司把它注册成商标之后，组成可口可乐，该产品把全世界的饮料市场几乎都占领了，但是据我们的分析调查，千里马可乐可以跟可口可乐来个比较：

第一，我们的含糖量是可口可乐含糖量的30%，低糖，首先告诉消费者一个概念；

第二，我们要有效地告诉大家，我们是优质糖；

其三，可口可乐含咖啡因，我们不含咖啡因；

其四，可口可乐用一般的饮用水，我们是对绞股蓝提炼，对心脑血管，对人的健康、免疫力有好处。

综合这几点，我们有攻击该产品的极大的空间，我们如果说犯一个错误，把该产品引导到一个歪路上去，可口可乐很可能跟我们千里马可乐引出一场大论战，就像当年可口可乐与百事可口就咖啡因论战一样，可能跟千里马公司引出一场大论战，今天这是我隐藏的一个玄机，被我们的周玄毅先生又兜出来了……

周玄毅（嘉宾辩手）：是这样，我想解释一下，因为一开始接触千里马可乐的时候，你的工作人员已经告诉过我，说这个是一个功能性饮料，它跟可口可乐有一定的不同之处，但是我觉得只要是一个好的策划，应该使大家在这个瓶子上能够感受到这一点，可是我发现这个瓶子给我的感觉跟可口可乐几乎没有差别，第一其颜色很像，第二其含量什么的，您说的那个绞股蓝，全部都没有，而且没有标明千里马可乐到底与其他的碳酸性饮料有什么区别，那么我们的消费者能不能通过这样一瓶饮料来获得您所说的这些信息？或者说您的这些信息怎么样传递给我们消费者。

总裁：这是由国家法规的一个原因所造成的。可口可乐是碳酸饮料，碳酸饮料就是碳酸饮料，是一个配方，是一个标准的，公开的，可口可乐所谓的"秘方"保密保了 100 年，今天来讲，一点价值没有。碳酸饮料的配方都是公开的，我们不能公开我们没有公开的东西，而且千里马可乐只是我们做的一个功能性饮料，但是对外的宣传食品的批号不准宣传功效，不能说是功能饮料，只能通过口碑来传，这是一个专业方面的知识，这个你不了解，我再进一步跟你解释。

从外观上来讲，我们为什么能够让可口可乐大吃一惊……为什么？有很多方面的东西优越于它，当然我们有中国的国风在上面，首先"chinama"，它的发音接近于"千里马"，"china"是中国，后面一个"ma"马的拼音，我们有效组合，但是千万不能去宣传"中国马"，这是错的，谁都不能这样宣传，只是我们要做广告的时候，千里马——"chinama"，它的发音，我们解释为译音接近；那么五星红旗铺在地球上，也有它的独特的意义，但是你也不要像非常可乐一样——"非常可乐，中国人的可乐"，这个概念犯得非常之错误，这是个错误的定位，你这个本位主义太强烈了，没有一个外商企业愿意与你合作、打交道，你排外主义太严重，为什么非说是中国人的可乐不可呢？大家不要这样宣传，但是表现出我们产品的特色就行了，在创意上可以说我们这里面的原材料取之于联合国唯一命名的一个非常古老传奇的森林里面的一个有效的绞股蓝的原材料，可能就是这个红颜色星星盖的这个地方，随你怎么去炒作它，没有问题，那么真正的含义在哪里？难道我就没有"非常可乐，中国人的可乐"这样的概念吗？何必要那样去说呢，你不说人家看得出来，非常清楚，满天的星星什么意思？整个宇宙将来一定是千里马可乐的，简单的概念就可以这样理解。

员工：请问张总，是否相信在中国有比您更有才华、更会精心经营管理的人才？

总裁：当然有，而且还大有人在，我算老几？这三位就是未来的杰出的企业家——哦，已经是名嘴，那不用当企业家了。

员工：如果是，那么是否考虑或交出千里马公司的管理权？请更有才华的人来领导公司，这样您也有时间来摘掉钻石王老五的帽子。

（笑声）

总裁：看来，千里马夺权的人还不少呢——绞尽脑汁夺权！

员工：刚才听到总裁许多激情的独白我也很兴奋，在这里还有一个问题希望总裁能够冷静地回答一下。现在越来越多的人都在说一个企业，特别是一个私营企业的成功与失败60％甚至60％以上取决于老板的综合素质，那么我想从总裁的性格或个性上您能否冷静地分析一下您的个性或性格对我们事业的成败有哪些优势，特别是从您个性性格的弱势上分析一下，您的这些弱势对企业的成功会带来哪些影响。谢谢！

总裁：这属于个人的机密或隐私吧？我怎么能够把我的内心的所有的东西、性格都告诉你呢？不是说"永远也不要让员工抓住老板的弱点"吗？你慢慢去琢磨不行吗？非要我说出来吗？我觉得肯定应该是成功的个性啦，要不然8年来怎么能够成功呢？肯定是个成功的性格，还用说吗？当然有不完善的一面，要不然怎么被别人搞走100万、1000万呢？已经说了，优势勇往直前，弱势自作多情。好，你接着说。

员工：我有两个问题，实际上是两道选择题，我这里有个要求，希望辩论团能对总裁的这个答案进行辩论。

第一个问题就是如果说千里马公司是一群千里马，向着既定目标前进，那么总裁您肯定也是其中一匹，我就想请问总裁你会站在这群千里马的哪个位置？是最前面？中间？还是最后？我希望辩论团能对总裁的答案进行评论。

第二个问题是一个公司运作品牌有很多策略，毋庸置疑，我们公司有两个品牌，一个是我们总裁的个人品牌，一个是千里马的品牌，我请总裁从下面三个答案中做一个选择：重点是做个人品牌，还是千里马的品牌，还是两者都要。谢谢！

总裁：第一个问题，在一群奔马当中，我站在哪里？我当然首先要带领大家往前跑哇，这是一：有时候我要扮演前面那匹马。

有些人你在前面跑，他不跟着你跑，所以有时候我要用鞭子抽它，这时候我要站在后面，做最后一匹马，这是二：有时候我要扮演后面那匹马。

有时候还要号召大家分析问题，解决问题，大家都应该搞清楚这个问题呀，所以我有时候还得站在中间，这是三：有时候我要扮演中间那匹马。

所以三个位置我都得站，但是为了千里马长远利益着想，我还是多站在后面一点好。把它看稳，看清前面的方向，来指挥大家跑，可能更好一些。

（掌声）

第二个问题，是做个人品牌，还是公司品牌？要用辩证法分析，也就是一分为二。从我个人利益来讲，我不愿做个人品牌，我不愿做公众人物，但从公司利益来讲，两者都需要。

周玄毅（嘉宾辩手）：是这样，本来一开始第一个反应，我觉得张总真是一个非常优秀的辩手，因为您的第一个反应我觉得我们大家都已经想到了，就是经过辩论训练的第一个反应就是说其实中间和前面、最后都有自己的道理，应该来说都有自己的因素在里面考虑。

第二个就是说在个人品牌和集体品牌之间，其实我觉得在中国这样一个市场上，您说得也很对，我们的市场确实很乱，我们的品牌也确实很乱，有时候个人的魅力和个人的品牌，比这个企业的品牌还要重要一些，但是从长远来讲，我觉得整个的重心应该还是个人和企业都应该兼顾，重心放在哪儿，要看整个环境是什么样的，或者说从哪个方面来考虑重心在哪儿。我觉得不管是如何来考虑，最终是大家共同的利益，并不是张总的利益，也不是我们各位员工的利益，单独地来考虑，大家应该是一起的……

其实张总的意思呢——您很滑头呀。张总是说不管大家怎么跑，不管他自己是在前面、中间，还是后边，你都不要怪他，他都有自己的道理，所以老板总是对的。

（掌声）

总裁：只能说我谨小慎微，我害怕钻进你们的辩论圈套。

员工（网络公司付媛娇）：刚才你一直说您非常繁忙，很多的精力和时间都投到公司的事务和操作里面去，但是就是比尔·盖茨他也有时间到欧洲去度假，柳传志也会腾出时间去打高尔夫。像比尔·盖茨身边会有史蒂夫、波尔默，柳传志下面有杨云庆、郭维，那么您如此操劳，是不是说明您的授权不够，还是对身边的管理团队没有信心？请您不要像刚才回答马的那个问题一样既在中间，又在前面，又在后面，请您直接回答。

总裁：说实话，不是我说我很繁忙，总是有些事搅得我放心不下。公司这么大的摊子，我的心事是很重的，确确实实放心不下，一件事没做完我是不会休息的，所以长期以来，2点钟到4点钟睡觉，早上准时起来，是我已形成的习惯，并不是说我就不会像比尔·盖茨那样工作和休息，你们也知道我有许多特长。

员工：乒乓球、篮球、唱歌……

总裁：都很好哇，不是我不会玩，我可能比他更会玩，玩得更好，工作有一个阶段性，有一个循环性，现在我没有时间去处理这些问题。不是这个原因，也不是说就像他一样身边有几个陪他，专门一个助理是陪玩的，专门一个助理是安排生活的，安排谁都会，我跟他也不一样。

中国是一个特定的社会，特定的市场，如果我不到这里来挑战，我睡到旧金山去舒舒服服的，美国是一个非常法制的国家，对于我这种喜欢在一种规范的环境中进行公平竞争的性格的人来讲，是很适应的。这跟自己的出身、文化教育、自身修养有关。

比如说节假日——平安夜，我在美国过了两个平安夜，在香港、广州过了几个平安夜，在北京过了平安夜，我也带段吟、罗凌秘书助理下工厂，睡过农村，睡过工厂，又没有暖气，那不得了，工作需要哇！

晚上为什么不要人陪在我身边，一看公司副总、助理基本上是有家有小，我比较体谅大家，一般来说，为什么有些省总、老总开玩笑最怕老婆打电话？你跟我在公司里头，最好不要让你老婆打电话来，只要我一知道，我就叫他马上回去，不影响家庭。

正因为我（有些一谈就谈多了）对这个问题，家庭、婚姻、爱情这些问题缺乏，所以体会和感受反而最深，就最容易理解别人。

中国人最容易犯错误，我不喜欢盲目崇拜外来文化，你要吸收他的优秀部分，不要盲目崇拜，盲目投资，看到国外什么东西，马上投资跟着走，今天出来一个巴威，明天可能出来一个九威，马上有人仿造，这是中国人最大的弱点，最后全部死掉。高尔夫、网球、保龄球、桌球并称世界四大绅士运动，四大绅士球是很高档，但运动时我比较专心运动，当然"公关运动"是另外一码事。如果我真的去运动，就找强力的运动。

蒋舸（女，嘉宾辩手）：不知道是不是我看错，为什么省总里面没有一位是女性？这是跟你们的工作性质有关，还是怎么回事呢？

总裁：我想更重要的是跟因为你是女性有关吧？（笑）

是这样的，第一个，省总的工作比较特殊，有女性的工作人员，没有女性的总经理。第二个，我有时候有一点点小市民的思维，什么呢？当然很多人说这个人大男子主义，我这个人是有一点，但是我绝不是瞧不起女人。曾经跟太阳神集团公司的董事长喝了一杯酒，说了一句话，两个意思，你不能用我千里马集团的人，我也不用你太阳神集团的人，相互之间都不准用，这是一。

第二，市场营销主管和业务员说好都不用女人，你也不用，我也不用，女人做市场有时候很麻烦。这是他的经验，不是我的经验，不是我说的啊。

（笑声）

其实蒋舸问这个问题，埋着一个更深的问题，我就不想说，她不说，我也不说。以为我是歧视女人，我不是独身主义，你们不要想得太复杂了。虽然我们营销公司省总里面没有女总经理，但是不排除也不能否认女人的价值，女员工的价值可能比男人的价值要大，她对很多现象，社会的感觉往往是男人意想不到的。

所以，要不就没事，万一有事，绝对出大事。你看，我们辩手里面不就有一位女士吗？所以说一个省总算什么。现在省总都是武汉派去的，因为要出差，女士不方便，也很少有人来应聘。当然女人她有时候也承认自己的弱点，那也没有办法，没有人来报名考这个省总，承认自己是个弱者，我也没办法。

蒋舸（女，嘉宾辩手）： 如果有女性来报名，你会给她设置更为苛刻的条件呢，还是把她像男性一样一视同仁呢？

总裁： （笑）好厉害的女辩手——如果来，我不仅仅是跟男人一样的一视同仁，可能会比关心男省总更关心女省总。（笑声）

问：张总裁，我姓何，我是一个慕名而来的应聘者，应聘艺术团的编导，搞管理的。您刚才说了，20 世纪的事不要带到 21 世纪，那么请问张总裁，前几天开始的招聘新员工的工作能否在 20 世纪的这么两天之内有一个结果呢？这样呢，新员工从 21 世纪开始就是千里马集团的员工了，这个是很值得纪念和回味的，这是第一个问题。

第二个问题，作为一个消费者，我到集团总部去看了一下以后，对集团总部的评估是档次格调属上乘，办公硬件一流化，但是整体环境比较差，员工上班有松散和不紧凑的现象，由此，我提出一个问题，张总您有一个条幅——制度第一，人才第二，据我搞管理具体的实践经验来看，我认为在管理上人才第一，制度第二（掌声），因为制度是靠人来执行的，有制度，人不去执行它，那么这个制度，说大一点是废纸一张。

总裁：OK，你的观点是完全容许存在的，我们不要搞霸权主义，也不要太武断了，每一个人都有一个思维，每一个人都有一套方案，每一个人都有一个想法，你有这个想法以后，只要你有那种精神去实施你那种想法，你都可以成功。

任何一个想法只要你去用心实施就都能成功！

怕的就是你没有精神，不去实施，或者半途而废，所谓制度与人才的问题，大家一定要认认真真地去琢磨我的语言环境，它的真正的深刻的含义是什么。

刚才我把包袱已经丢出来了，不必花太多时间去争论它，允许百家争鸣，各种观点存在，这就是企业发展的需求，这就是现实，不要紧的。至于你说公司的档次上等，硬件一流，人员松散，因为你是刚来应聘的，你只来一次。

这个地方电线杆六天没电，今天我们是为了把这个答辩会搞成功，特别是我们请来了中国的世界三大名嘴，所以我们租来了发电机，不要让大家失望，讲信誉，不要让员工们白来一趟。我们租来的发电机在这里搞，如果上班的时候来看，不应该有这个情况，当然有人说张总在家不一样，不在家的时候也不一样，有这个因素，但我想任何企业或多或少都存在一些问题。

你说到 20 世纪的事情不要到 21 世纪做的问题，可能被你抓住我的辫子，你偷换我的概念，从这个地方搬到那个地方去了，但是不要紧，你说你是 20 世纪招聘的人，不要留到 21 世纪去上班，那么好，今天是 21 世纪的最后一天工作日，你不是已经坐在这儿了吗，散会就办手续！

员工（艺术团郎军花）：我叫郎军花，张总，您好，在我认为，公司的每一个部门，例如大百步连锁店、网络公司，还有我们艺术团都是服务于千里马集团，为千里马集团的业绩而努力，我想问你的问题就是千里马艺术团能够为公司创造多大的利润？

总裁：千里马艺术团成立的时间不长，算价值，可能公司的投入比较大，但是如果计算艺术团产生的结果，不能小看。比如说，后天宋祖英、张国强在黄石的直播晚会，张国强是我请来的，我们出三个创作题目，我的专利在这儿，人家给我们 20 万的广告的回报，划不来吗？这不是价值吗？当然是价值，同时在宣传的时候，千里马艺术团字幕又打出来了，这不是广告吗？未必我们还亏了吗？没有亏，赚了。

（掌声）

总裁：现在开始竞争了，离休会还有 10 分钟，倒计时了。

员工（网络公司商务部陈军）：张总，您好！我是网络公司商务部的陈军，要过春节了，由于我老家是四川的，我们那边有个习俗就是春节送年画，我也想送您两幅年画，挂在你的卧室。

总裁：什么年画？

员工（网络公司商务部陈军）：我这里有两幅年画，（打开）请看：一幅是一个非常漂亮的女郎抱着一束玫瑰花，还有一幅是一鸳鸯黄鹂在腊梅上做亲昵状，我想挑这两幅画其中的一幅送给你，请张总帮我选一下，好不好？

（众笑）

总裁：第一幅画是一个女孩抱着一束玫瑰花……

员工（网络公司商务部陈军）：对。

总裁：第二幅画是两个黄鹂抱着一个……

员工（网络公司商务部陈军）：不是。（笑声）

总裁：在大树上做亲昵样式？

员工（网络公司商务部陈军）：在那个……

总裁：就是一对鸳鸯黄鹂在腊梅上亲吻，是不是？

员工（网络公司商务部陈军）：对，对……

总裁：你要我挑一幅画，然后把这幅画放在我的卧室，是不是？我这两幅画都挑了。

员工（网络公司商务部陈军）： 不行，因为我的钱只够买一幅画。

（笑声、掌声）

总裁： 我能不能请蒋舸来为我辩论或者挑一下？

（众笑）

蒋舸（女，嘉宾辩手）： 首先我不是总裁，我不知道他怎么想。第二，我不知道那画有什么含义，所以我也很难答。

总裁： 婉转拒绝，好，我来勇敢选择！

（笑声，有人在下面喊选第一个）

有没有圈套呀？

（笑声）

赵总在不在？他比较有经验，请老同志先帮我挑一下。

（笑声）

……挑第一个，请你解释第一个是什么意思？

员工（网络公司商务部陈军）： 第一幅画是一个美女抱着一束玫瑰花，因为玫瑰是象征爱情的，说明张总还是很渴望爱情的，我想通过这样一个简单的题目了解张总的心情。

总裁： 那你现在得到结论了？

员工（网络公司商务部陈军）： 我在春节之前给张总送这幅画……

总裁： 你已经买好了？

员工（网络公司商务部陈军）： 对。

总裁：但我理解跟你的说法完全想反，我的理解：我就是那束花，我希望一个女人把我抱着……（笑声）这样我说真话了吧。

员工：我先替刚才那个同事回答一个问题，他实际上想得到答案是说明张总是人，而不是神……

总裁：那我刚才的回答恰好是人而不是神。

员工：对，然后我想问我的问题，第一个问题就是我想问总裁，搞总裁答辩是否有树立个人品牌的意图？

总裁：就一个企业领头人而言，尤其需要树立个人品牌。

个人品牌的树立是老板自我塑造的最主要内容。

但不一定表现在"总裁答辩日"上，平常更重要。"总裁答辩日"只是其中的一部分，而"总裁答辩日"恰恰是展现个人内心世界、开展批评与自我批评的手段，恰恰是暴露个人弱点、接受员工挑战和考验的时候，如果一个老板他不具备一定的水准，他根本不能搞这么一个"总裁答辩日"！

因此，我不否认有个人品牌树立的意识存在，但更重要的是加强老板与员工之间凝聚力的意识。

员工：即便这样，总裁这样做，是否有搞个人崇拜的嫌疑？如果总裁回答没有，我就希望辩论团能够跟总裁形成正方和反方，对这个问题进行辩论，能够代表我向总裁展开进攻，不要在那儿坐着。

　　总裁：欢迎，没有关系。这个问题我倒是没有怎么去想过，但是作为一个企业来讲，作为一个企业的老板来讲，首先就应该有树立自己品牌的雄心壮志，首先要克服自身阻碍，首先自我素质得具备这个基础条件，你不具备这个基础条件，又有什么崇拜而言呢？

　　你开了第一天，明天就没有人跟你开第二天，你开了今年，就没有人跟你搞明年，提出这个问题，下面没有人跟你搞第三个问题。而我们的"总裁答辩日"从公司成立至今快10年了，反而是越开越兴奋。

　　我的意思是，我不认为对一个私营企业老板来讲，搞个人崇拜有什么价值和意义，但我认为这种形式首先是一个企业的比较创新的手法，大家谈的问题特别是公司的管理问题、处理问题，只有这一天这个机会才能和大家面对面地讨论这些问题，从而通过大家共同交流的各种问题共同提高一个水准，今天谈的任何问题，很多人想不到的，不知道的，他也接到这种信息，只不过是有一个人在这里主持而已，你说"总裁答辩日"世纪答辩日，倒不如说员工和老板的讨论日，更确切地说，只不过是我们共同创造一种品牌的讨论会，再简单一点讲，把"总裁答辩日"理解成我们的聊天日总可以吧？

　　周玄毅（嘉宾辩手）：是这样，我想把提问分解成几个问题。第一个问题，请问张总您觉得您的员工如果崇拜您，您是高兴呢还是不高兴?

总裁: 高兴。

周玄毅(嘉宾辩手): 如果一个员工打心底里崇拜您,而且愿意为这个公司多做一份事情,您觉得好不好呢?

总裁: 当然好。

周玄毅(嘉宾辩手): 第二点,请问您对千里马集团的掌控有多少信心?

总裁: 我是高手。

周玄毅(嘉宾辩手): 好,第一个问题证明您有这样一个让您的员工崇拜您的潜力,第二个问题就是你有让员工崇拜您的能力,最后得出结论是:我们总裁是在搞个人崇拜。

(众笑)

总裁: 你这是设置圈套,这完全是圈套,让我先把真话说出来,然后得出一个假结论。

员工: 我是千里马药业股份有限公司的员工,请问张总,去年全国倒数第一名的市场我可不可以接手?

员工(郑泉): 我来介绍一下,他目前是武汉市场青山片区的经理,做到现在非常之好,他说的意思就是他有这个能力,有这个信心……

总裁: 我知道了,好,你有这种雄心壮志,这正是我们千里马求之不得的,可能有两点:第一,是不是你在现在的岗位受到了一些委屈,没有发现你的才能;第二,你要注意起码要用 6 个月的时间把你的才能展示出来，然后再用 6 个月的时间计划你接手将要淘汰的那个省总工作的计划，这些东西绝对是要有的。首先你有精神，我认为不错的，但是具备这种精神的人也还是有不少，具备能力的人有没有就很重要了。当然我欢迎，不是说你不能接，当然可以接，硬件拿出来，三板斧拿给我看，第一刀砍哪里，第二刀砍哪里，第三刀怎么下，第三刀最关键，决定你的命运。

员工（千里马导报主编）：张总，最近《人民日报》已经发了一篇有关您的大作《神女峰》的文章，就是"中国民歌登上神女峰"，武汉媒体和其他的媒体都发了相关的文章，您已经获得

了政府文化最高奖励——"五个一工程奖"，但您作为一个有雄心、有壮志的人，一个跨国集团的董事长，却从来没有提过把这首歌推向世界，我感到很遗憾！

总裁：推向世界还需要语言啦！我认为艺术不同于其他，推向民族最高峰就可视为推向了世界最高峰！

我在写这个歌的时候主要是因为还没有找到理想的歌手，所以出笼得比较慢。你刚才说了，为什么拿了奖还去写歌，歌不是为写了去拿奖的，歌咏志，你应该很懂。

员工：能否让我先睹为快？见识一下《神女峰》的风采？

总裁：可以呀，不过音乐部分还未最后定稿，先听一下清唱，我们请艺术团的祝艳上来给大家唱唱。

（掌声中祝艳上台演唱）

神 女 峰

神女峰　你在高高的云中含首

神女峰　你在唰唰的风中抬头

世缘沧桑好多故事已遗忘

只有那两岸的思梦还在相守

你用千年的温柔倾动了三峡

你用千年的洁净撼动了长江

远古的号子唤不走你的思念

只因为男人的故事还在诉说

你用千年的庄重倾动了三峡

你用千年的执着撼动了长江

神女峰　你从远古守到尽头

神女峰　你从未来寻到源头

男人为你仰望了几千年

风霜为你融化了千百度

月亮为你渴望了几千年

太阳为你融化了千百度

神女峰 圣洁的神女峰

那是女儿的眷梦

（掌声）

总裁：请问三位辩手还有什么问题没有？刚才有一个建议，请你们大家跟我辩一辩，还有没有？

周玄毅（嘉宾辩手）：我觉得其实也很难说我们有什么意见，因为今天其实一直是在向大家学习，我们在学校里面对外界了解得比较少……没有考虑到具体的经济运作方面的东西。另外呢，我觉得张总很像我们学校里面的一些老师在上面讲课时声情并茂，情绪非常高昂，很难见到老总有这样充沛的精力，非常雄辩的讲话的风格，确实我觉得今天是大开眼界。

总裁：谢谢！我能够请到三大辩嘴参与我们企业的管理，应该来讲这是本世纪咱们企业的一大荣幸，所以请咱们千里马所有的员工为我们的三大名嘴给予热烈的掌声予以感谢！

（掌声）

最后，我也请大家感谢我，我也站久了。

（掌声、笑声）

千里马艺术团部分成员

第 **22** 辩

最后的利益
还是朋友

2001 年 2 月 28 日

总裁：又到了我们兴奋的日子，我非常希望每一位员工在这一天给我一些机会，也就是说挑战性的问题多一些，实质性的问题多一些，大家也可以考验我的思维能力，考验我的口才，我也希望大家具备一定的口才，可以公开地站起来，回答我的问题。答辩答辩嘛，一个答一个辩，每一位朋友都可以现场辩论。

员工（伊伟明）：请问总裁您是怎么选择生意上的朋友的？

总裁：双赢！要交生意上的朋友就要交让双方都有钱赚的朋友。

员工：我是销售公司的新聘员工陈春海。据我了解，销售公司所处的位置和肩上的担子很重，责任和权力是相应的，您将赋予销售公司独立运作市场的权限、空间有多大？销售公司在您心中将处于一个什么样的具体的位置？营销是要冒风险的，市场是变化的，营销是动态的，发展的过程是不可预计的，您将如何面对可能的市场风险，迎风而上还是回避？没有梧桐树，引不来金凤凰，您个人的魅力我想所有员工已经有足够的羡慕，但所经营的方面和企业环境也十分重要，你也不能满意，有具体改变环境的措施、计划么？

　　总裁：我清醒地认识到我是一个非常好的销售总经理，市场策划总经理，也是一个非常好的营销员，但是我只能在创投期做这个老板，我最终做不了这个老板。为什么呢？总管这个公司不可能具体到一个地方去，所以必须请人来做这个总经理，必须提拔专业的营销人员来做，我们只是在宏观上给予把握。

　　至于说市场的风险有多大，我非常清醒，但有一点，虽然冒风险不一定能成功，但成功没有不冒风险的，这就是我常说的"付出未必成功，成功必有付出"的道理。

　　第二，希望你跟我之间是一个朋友之间的关系，不是老板与员工之间的关系，我不赞成"只有永恒的利益，没有永恒的朋友"这句话，我从头到尾都说过的，我认为这句话把人与人之间的矛盾推向了顶峰。

　　所以，我提出这句话是有道理的：先创人格品牌，再创商业品牌！

　　员工：张总，您觉得创办的便利店的销售价位符合本地区的消费群体吗？

　　总裁：大百步连锁店的价格定位我不知道，我只是跟大百步说你的竞争对手就是"Seven－eleven"（美国"Seven－eleven"连锁便利店），你的价格要满足于本地区人消费的低水平。

员工： 请问总裁，大百步24小时营业意义何在？

总裁： 现在世界上开得最好的连锁药店是美国的GNC，开得最好的便利店是"seven－eleven"，它是以食品为主的杂货店。我们曾经让你们去考察"seven－eleven"，"seven－eleven"是什么意思，我当初问考察回来的所有人员，没有一个人回答得出来，你连它的标志的含义都不知道，你去考察什么？这个公司最早的意思是早上7点到晚上11点，很简单。现在它是通宵开，中国的市场太大，中国的前景太好，国外的"鬼子们"一天到晚用长鼻子嗅着你中国的领土，过去侵略用战场，用枪炮，现在侵略用经济，用软手段，所以早晚要进来，我们要做好防范措施。

我们自己要保护好自己的领土，起码要把我们千里马这一块保护好，所以搞大百步连锁店，大百步的意思一百步一个，现在seven-eleven已进了中国了，明显已向中国市场进军了。

国家现在有一个暂时保护政策：国外的任何连锁店要进中国，必须和中国的连锁店合作合资才允许开，但早晚要放开的。seven－eleven是24小时营业的，我们过去没有，现在是试营业，我认为亏就亏，你守着，给予消费者24小时一个概念，方便了一个人，只要一次，你的品味就能管一年。比如说一年365天我只有一个晚上在两点钟饿了或者没烟抽了，跑到你大百步去买了一包烟，我就知道了，哦，原来大百步是通宵的，你的市场就会越来越大。

员工：您最初的理想是什么？

总裁：最初的理想是个很幼稚的理想，那个时候我的理想可能是当一个大导演或者说是一个大作家，这是我最初的理想。

员工：您在创业时遇到的最大困难是什么？

总裁：在创业时遇到的最大困难就是我有一个好想法，没有一个人帮我去实现。但别忘了，在成功的每一步上都离不开朋友的支持。

员工：如何理解"做生意要不择手段"？

总裁：不能不择手段，技巧高能够赚钱，有本事就可以赚，有钱大家都来赚，当然首先要带来利润，即使你有再高的手法，没有利润又有什么用呢？可不要把这词随意用在贬义商业上哦，尤其不能用在朋友身上，否则，你将永远失去朋友，失去了朋友就等于失去了生命，你就会把生意给做死了！

员工："只有永恒的利益，没有永恒的朋友"这句话是许多商家认同的，当然，张总对这句话的理解有自己的哲理，请问：当朋友平等和利益平等同时出现时，你选择哪一个？

总裁：先选择利益，再将利益赐予朋友！

员工：你果然是一个高明的商人，利益和朋友你都做到了！

员工：我认为利益和朋友是不能等同的，从本质上来讲，根本就不可能是一个公平的东西。

总裁：我在以前的"人缘理念"中曾经讲过如何看待家族企业的问题，其中提到血缘亲情如何产生距离的问题，其实，交有利益关系的朋友与血缘亲情的结论差不多，关于这些问题都要因人而论。"只有永恒的利益，没有永恒的朋友"，你连一个朋友都没有了，守着利益有何用？要知道很多利益也是朋友带来的！朋友也给你带来利润。

员工：我再请问张总一个问题：爱情公平吗？

总裁：不公平！

员工：两人彼此相爱才称为爱情，为何不公平？

总裁：两人彼此相爱才称为爱情不错，但这两个人之间总有一个人总认为她（他）比他（她）爱得多一点，所以不公平。

（掌声）

总裁：所以，爱情最容易导致自私，自私便产生利益冲突，这种感情上的利益永远也无法平衡，于是乎，爱情同样也能产生不公平。爱情、朋友、同事、亲情、客户，在"人缘理念"的概念中道理都是一样的！

员工：您对市场督察的报道是怎样认识的？

总裁：严格来讲，督察应该行使董事会的最高权力，督察有权对任意事件、任意人进行处决。过去我们身边就差这么样的一个人，别看我张鸿毓在这里说得有板有眼，手一挥一砍的，大家都知道我心软，说我心软造就了一堆的软弱者。我不是心软，我是觉得人都有私心杂念，每一个人都有自己的私欲，每个人都想达到自己的目的，为了达到自己的目的，一个人可以不择一切手段，这种私欲指使他去做一切让人不可理解的事情，所以有时候我得同情同情他，只要你没给公司造成太大的损失，不会影响公司大的前提，算了！

老板有时候要学会宽容。

但是，我不希望除我之外的人也这样做。你是执法部门，你的任务就是执法，该怎么样就怎么样，按制度来，制度是这样就得这样，没道理可讲。

你不能去做"好人"，你要是做好人，那老板就是坏人，这样的员工和干部任何一个公司都是不能要的！

这么多年来，任何部门的干部的工作我都是支持的，你说要开除他，我就想办法开除他，你说要扩大这个公司，我就让你扩，老板一定要支持部门总经理的工作——只要是你确认定位了的干部——这个大家一定要明白，所以部门的业务人员一定要注意一点，你一定要听你部门老板的，我们公司靠他们做事情。

员工：您对员工的未来规划是怎样考虑的？

总裁：我绝不会让你做你不愿做的事情，但你必须做你职责范围内的事，我也绝不会把一个不适合你的事情交给你做，这就是为你设计。在包装、设计人的未来方面，老板应是一把好手。总裁答辩会就是对每一个员工未来的塑造。

员工：公司对员工的待遇有没有国家规定的福利？董事会有没有党员？

总裁：福利制度很健全。至于在私营企业设立党委的问题，《公司法》里面没有这一条。我只能按《公司法》做事。

员工：你如何理解真正朋友的含义？真正朋友是否意味着相互利用？

总裁：我认为两个人在交朋友，能够做到互相理解是第一，最重要的，能够做到从别人的角度出发来理解自己也是重要的。本人有一个观点，谅解别人为第一，所以，我交朋友信任他，给你机会来认识我这个朋友，我有什么为难之处或者哪些弱点，我先告诉你，让你知道。你不要认为交上我这个朋友你就可以赚到很多的便宜，可能不是那样，因为我自身还有很多弱点，这个弱点可能是你没有想到的，所以我要告诉你。

有人跟我提意见：跟员工接触少，一天到晚拉着脸，手反在后面，打扮成一个总裁的样子。但是我在写字楼里我必须这样做，我在这里，你就必须叫张总，一出这大门不一样，你可以叫我张鸿毓，张兄，张哥，兄弟。

真正的朋友是构筑在平等的基础上的。

员工（王敏，女）：请问张总，您有情人吗？

总裁：没有。

员工（王敏，女）：想有吗？

总裁：想！

员工（王敏，女）：那为什么不找？

总裁：在找。

员工（王敏，女）：找到了吗？

总裁：还没有。

员工（王敏，女）：什么时候才能找到？

总裁：当我找到爱人的时候。

员工（王敏，女）：我不信。

总裁：信不信由你！

员工：请教张总一个问题：当一个男人取得成就或受到打击时，他会找谁去倾泄？

总裁：当一个男人在外取得一项令他极度兴奋的荣誉时，他第一个要告诉的，是他的情人；而当他在外受到打击以致让他极度痛苦时，他第一个想到的是他的妻子。

（下面掌声、喝彩声："经典"）

员工：你既没有妻子又没有情人，为什么有这种体会？

总裁：我申明只是猜测啊，你们自己去体会，特别是做过这种事情的人，我不能多解释。

其实，当一个男人取得荣誉感时，第一时间告诉他的情人没有多大关系，因为他还有时间告诉他的老婆，也不耽误事。

但他在外受到打击造成极度痛苦时，为什么不愿意告诉他的情人呢？——老婆终究是可靠的嘛！

当然也有告诉情人的，这种男人的老婆可能是不太会理解丈夫的女人。

其实，一般比较优秀的男人在外受了打击遇到痛苦一般是不

第 **23** 辩

最优秀的打工仔：
老板

2001 年 10 月 28 日

主持人（钟阳）： 由我们集团张总亲自创意推出的"总裁答辩日"已举行了将近 10 年，在这近 10 年来，每一次举行"总裁答辩日"，在公司内部可以说是引起轰动效应，在当今国内外可以说是独一无二的创举，为什么在内部引起轰动效应？是由于我们在形式上的独特性，内容上的丰富性，特别是创造了这一种员工与老板直接对话，创造了一种在公司内部，不管是什么人，大家都能济济一堂，能够真诚相见，直面对话的局面。

很明显，这是由于"总裁答辩日"对于我们员工的心底所产生的震撼力，对我们公司的发展所产生的深远影响力。"总裁答辩日"之所以引起广泛关注，是由于这种形式作为当今企业来说是绝无仅有的，下面我们欢迎张总上来主持答辩。

（掌声中张总走上台）

员工： 我姓陈，陈自强，是新聘的企划部员工，我想请问张总裁，您自己对于千里马集团在管理上的评价是什么？如果满分是 100 分，千里马集团的长处在哪里？缺陷在哪里？请正面回答。谢谢！

总裁：我不敢说千里马集团公司的管理是满分，但是在同等民营企业中，我敢说我们在理论上可以打满分，实际上打不了满分，50 分都打不了。

员工：张总，一个企业的发展与国家的政治环境有着极大的关联，当前中国大陆与台湾的局势相当紧张，请问这种局势对我们公司的发展影响如何？那么公司将怎样发展呢？

总裁：这是一个政治敏感问题，最近朱镕基同志有一个发言在海内外引起了反响，看过新闻的都应该知道。现在台湾正在选"总统"，已经接近高潮了，那么台湾与大陆的关系怎么样？朱镕基的一句话是有道理的，就是说"台独就意味着战争"，我想这句话是具有一定的威慑力的。

中国人对台湾的观点问题，美国人对台湾的看法问题，争论的焦点我比较了解，因为美国的情况我比较了解。在美国，大陆与台湾比起来，不用去争论，毋庸置疑，中国大陆的地位，台湾远远是不能比的，跟过去的局面是反过来，现在去美国投资的，搞经济的，大部分是大陆人，他所背的钱，不比台湾人少。

大陆人和台湾人在美国人的心目当中都视为中国人，都可以进来，对我们公司没有什么太大的影响。如果战争立即爆发，我们可能还会发一笔战争财，战争需要药嘛。不管打不打，对我们公司只会有利，不会有弊，没有问题的，不用担心。大家应该记得：

1997 年 6 月 30 日 23 时 59 分，英国国旗和香港旗在英国国歌乐曲声中缓缓降落。随着"米字旗"的降下，英国在香港一个半世纪的殖民统治宣告结束。

1997 年 7 月 1 日零点整，在雄壮的中华人民共和国国歌声中，中国国旗和香港特区区旗一起徐徐升起。

1999 年 12 月 20 日凌晨，葡萄牙国旗在澳门降下，中国国旗在澳门升起，澳门回归祖国。

香港、澳门、台湾都有一个共同的特点，就是他们的背后都有一个帝国支持，其实，港、澳、台人并不是不向往统一，而是担心大陆的治国能力，只要我们把国家治理好，人民有自由安居乐业的空间，谁都向往统一，人心是一致的，总之，主流是绝对的。

我也欣喜，也盼望祖国早日统一。大家都知道，最近我写了一支"两岸四地"歌，那是我对这种形势表示兴奋的感慨，我调出来给大家看看，请看屏幕：

长城的那头有支歌

长城的那头有一支歌
唱的是少年的傻冲动
长城的这头也有一支歌

唱的是老人的长寿歌

长城的上边有支歌

唱的是女人的羞和涩

长城的下面也有一支歌

唱的是男人的好本色

濠江　香江　长江

还有我们的大海峡

人生路上各奔走

走遍了世界无尽头

一生奔波图什么？

只图个大年三十四世同堂大团圆的这一刻

长城的那头有一杯酒

酒中是炎黄的嘱和托

长城的这头也有一杯酒

酒中是同胞的骨和肉

濠江　香江　长江

还有我们的大海峡

东南西北各奔走

走到中间才是尽头

一生奔波图什么？

只图个大年三十四世同堂大团圆的这一刻

长城的那头有支歌

唱的是炎黄的那本传说

长城的这头也有一支歌

唱的是东方的好日头

长城的上边有支歌

唱的是蓝蓝的白云走

长城的下面也有一支歌

唱的是中华的儿女好英雄

濠江 香江 长江

还有我们的大海峡

风风雨雨关外走

走遍了世界无尽头

一生奔波图什么？

只图个大年三十四世同堂大团圆的这一刻

（掌声）

员工：一个打工仔要实现自己的目标靠什么？

总裁：努力！一个人的能力有限，努力了就行了，就怕有人能够努力但他不去努力，这个人就完了。

员工：据分析，一个公司需花 20 年的时间才能做强做大，形成集团。那么，请问张总，你能否用 20 年时间将我们公司建成跨国公司？

　　总裁：我如果要用 20 年，我现在就辞职。人的生命是有限的，但能真正闪光的只是一瞬间而已，我们要充分把握当今世事机遇，在有限的生命里，用最短的时间打造江山！

　　员工：那一个公司究竟以什么样的时间来设计未来？

　　总裁：3 年集团；5 年跨国；10 年强盛；20 年稳固！

　　员工："稳固"何解？

　　总裁：从今天开始你数 20 年，千里马要一路披荆斩棘，稳固下去！

　　员工：20 年之后呢？

　　总裁：稳固了！

　　员工：千里马集团在总裁策划下历经 10 年，取得无数个辉煌成就，请问总裁下一个 10 年规划是什么？

　　总裁：首先，我没有取得什么辉煌成就，我要跟大家说明一下，饱经沧桑倒是说得过去，有一些时间的验证倒是说得过去，有一些话兑现倒是说得过去。后 10 年怎么办？我想后 10 年 1 年要抵 10 年，前 10 年只能抵 1 年。

　　员工：公司怎样使一般的工作人员有归宿感？

　　总裁：总裁辩论大会，就是要让每一个员工有归宿感，这个问题，会一开完了，你答案也就出来了。

　　员工：我是新应聘贵公司的省级总经理职务的朱志芳，也是千里马公司重视人才政策的仰慕者。我想请问张总的是，千里马通过什么方式来留住人才，发挥人才的才能？因为吸引人才这一招，千里马的确做得很漂亮。

总裁：我为什么要把招聘人才做得那么吸引人，那么漂亮，就是为了要留住人才才做得那么漂亮呀，这个答案不就出来了吗？怎么样留得住人才？过去我讲得很多，公司也有一个人才战略的纲目。如何发挥人的才能，有两点：

第一，公司给你一个环境，给你一个机会，给你一个天地，让你自己发挥；

第二，你要自己真正能够发挥，而且重要的一点就是你要有一个好的心态，心态第一。

所以千里马公司有一句话："先创人格品牌，再创商业品牌。"我永远坚持这一点——

不为钱而钱，要为人而钱。

员工：今年元旦，公司给 10 位员工奖励了价值 22 万元的轿车，请问张总裁，您是如何想到要给员工奖励轿车的？

总裁：美国被称为"轮子上的国家"，美国有 2 亿人，却有 3 亿辆车（含产量储备）。在美国，交通十分发达，我亲眼看到美国几乎所有的人都是开着车子上班。

美国每 1.3 个人（包括儿童、老人）就有一辆车，中国没有。交通不发达不仅仅是我一个公司存在的问题，同样是一个社会问题。

为了这个交通问题，中国 12 亿人有多少人在为这个问题伤脑筋、头疼，多少朋友来找我借汽车。所以我是尽量先解决交通工具，只要是需要的。

我当时跟湖北的省总说，这一次是跟了我 5 年的员工和副总经理以上的都有资格申请，这是我宣布的。我估计这 100 个人里面有 30 个人根本就不相信这个话，私营企业老板怎么会买车送给我们呢？那么就去掉了 30 个还有 70 个，这 70 个里面还有 70％的人认为说是这样说，不知道哪一天能办得下来，又去掉一部分人，还有一部分人是不符合条件的，没申请权。

员工：在千里马，您是老板，我们是打工者，两者之间平等吗？

总裁：布什和老百姓平等吗？这是两个不同的概念，不能相提并论吧？

如果你一定要问员工和老板之间是否平等，我回答你：不平等！为什么这样说？请比较：

8 小时内你在我也在，8 小时以外你不在我还在；

8 小时内你操心我也操心，8 小时外你不操心我还操心；

公司好，你好我也好，公司出事你走我跑不了。

……

还有许许多多发生在老板身上不可言喻的痛苦就不举例了，你说平等吗？

当然你会说：老板，你享受的东西我没有，你有那么多钱我也没有……

当然这也是一种不公平，但你千万不要这么理解，因为老板所肩负的责任不仅仅包括员工，更重要的是社会！你说你能穿多少吃多少？老板又能吃多少穿多少？省下来的都不是他的呀，都是社会的、国家的、全人类的呀！

有时老板陪吃陪玩你以为是件好事吗？糟透了，糟得比三陪小姐还三陪！你们都知道，有多少年富力强的老板为了公司而不得不把身体吃垮，精神累坏，最终把性命玩死？而你又听说过有几个员工暴死的？

当然，我不是说老板一定要那样做，我是极其反感而反对的。作为老板，在许多方面不需要员工的理解——你可能也不了解；但作为员工，你应该尽量地在潜意识里主动去理解老板——当然你也可以没这个义务，不管员工和老板之间是否存在平等不平等的问题，大家都能接受这种客观现实，接受了就认可了，认可了就轻松和谐了。不仅仅公司是这样，爱情、婚姻、家庭、社会都应该是这样。

我们经常听到一些公司的员工把自己的老板誉为"神"般的精神领袖是有一定道理的，因为他肯定亲身经历或见过老板如何将一盘散沙的粑粑团圆，她折服他，就把他誉为神。

当然，老板是人不是神，这只是一种比喻而已。

如果老板是神，员工就是形，形可以千姿百态、千变万化，而神只能一个，这就叫形散而神不散。

老板是思想，员工是行为，思想好，行为就准确。赚钱就这么简单。

员工和老板同是财富的创造者！

但是，创造的先后不一样，老板是创造者，员工是执行者，先有创造而后有执行，所以，老板是第一打工仔，其次才是员工。我认为千里马最杰出的打工仔是我，你同意吗？那就这样说：

最优秀的打工仔首先是老板！

这样你觉得老板与员工之间平等了吗？至少还算公平吧！

员工：你说你才是真正的打工仔，请问你到底为谁打工？是国家？是自家？还是自己？

总裁：……还真不知道……

第 *24* 辩

回报最大的投资：
感情投资

2004 年 6 月 28 日

员工：我认为一个企业要想不断加强自身的凝聚力及员工的向心力，除了实行必要的经济奖罚外，是否应多搞点"感情投资"，如对员工的思想、工作、学习等状况给予一定关心，使每个员工抱有一种不干出成绩便对不起公司、对不起老板的感觉，从而杜绝某些混钟点、干私事的想法和做法？

总裁：我觉得这个问题提得很好，我想我如果在家里，我尽量来做这些事情。我早上能够来签到的，我尽量来主持晨签，愿意有一个和大家交流的机会，这是一。

第二，如果我有时间我尽量和每一个员工交流，这个工作尤其在前期我做了很多，以后工作多了，这个工作就逐步减少了，但是我想我每个月的这一天是在和大家交流，也都是为了我们的向心力、凝聚力，至于感情投资怎么讲？首先弄清楚什么是感情投资？我的理解：

企业文化 + 关爱 = 感情投资！

大家都知道，我 24 小时呆在公司里，我基本上只在公司安排的活动时与大家共 "舞"，打球、唱歌、旅游等。

我个人在公司做事情的时候，我的感情是以公司为原则出发的，因为我们公司是以人为中心，发挥人的潜能、个人能力，所以就看你能不能发挥能力，你为公司到底贡献了什么？虽然我这人脑子转向较快，但感情方面我不可随意投资。

但是我的感情该在哪里投资？我的心里基本有数。一句话，我这人不传统但也有点正统，我看指标，对于每一个人的行动、思维方式，我基本有数，你干了什么我基本知道，我希望我们公司不要是老板个人感情的投资而是以公司的感情投资，希望大家爱惜我们的公司。

因为公司是大家的，所以，奖罚也是分明的。

正是因为公司是大家的，所以，感情投资是相对的！

只有把自己的事业建立在公司事业基础之上的员工，才值得老板去进行感情投资，否则，任何感情投资都是没有价值的。

员工：尊敬的张总裁，如果我对公司没感情你是不会对我进行投资的，但反过来我问你：你如何让我对公司有感情呢？我为什么要对公司产生感情呢？

总裁：你说对了，感情投资是相对的！

当然，如何要一个员工把自己的事业建立在公司事业的基础之上，也需要老板进行多方面的投资。

现在大家所说的感情投资是多方含义的，这包括资金、人生价值、企业革命、企业制度、企业文化、人缘理念等，只有这些投资到位了，员工才会对公司产生"感情"，公司才会有凝聚力，员工才会把自己的事业建立在公司事业的基础之上。这时，老板的感情投资就会升华到员工对公司、对老板的感情投资，如果做到了这点，感情就变成了无穷的力量，感情投资就会产生巨大的回报，此刻，将所有投资方式进行比较，我们会得出一个结论：

感情投资是获利最大的投资

员工（李海）： 请问张总，您从下海至今所做的事有违法的吗？

总裁： 没有！有这个必要吗？

员工： 从来没有吗？

总裁： 从来没有！

员工： 目前，媒介对民营企业"原罪"问题讨论火热，作为一个著名青年民营企业家，请问张总对此有何见解：

总裁： 由于我订购了手机新闻，我清晰地记得：2004年1月8日，我的手机收到了这条信息：2003年的最后一天，河北省出台了《关于政法机关为完善社会主义市场经济体制创造良好环境的决定》，这一红头文件被称为"30条"。2004年1月2日，河北省委、省政府以省委冀字（2004）1号文件批转了"30条"。

继而，全世界媒体开始围绕民营企业"原罪"问题展开了热烈的讨论。

这"30条"我认为最核心的是第7条规定：对民营企业经营者创业初期的犯罪行为，已超过追诉时效的，不得启动刑事追诉程序；在追诉期内的，要综合考虑犯罪性质、情节、后果、悔罪表现和所在企业在当前的经营状况及发展趋势，依法减轻、免除处罚或判处缓刑。

请注意，这并不是说民营企业经营者就可以犯罪了，或者说过去犯了罪就没事了，而是认为，民营企业进一步受到重视、尊重了！当然，中央政府对这个问题仍然是保持沉默。一切还是以法律为准，不要寄希望于任何侥幸。

员工：到底如何理解"原罪"？

总裁："原罪"一词出自基督教，是一个基督教概念用词，据说人类始祖亚当、夏娃因偷食禁果而破坏了人与神最初建立起来的和谐关系，由于人类的始祖有罪，所以其儿女生来也就有罪，即称为原罪。今天，人们把这个概念引申到民营经济中，就是指一些民营企业在创业之初的违法活动，导致企业永远有罪，永远都有被追究的可能，这就是今天所指的"原罪"，请注意，目前只是用在"民营企业"身上。

员工： 那你认为赖昌星会逃过法律的制裁吗？

总裁： 赖昌星的问题我没有任何发言的依据。

员工： 请问张总有原罪吗？

总裁：（笑）……

（掌声）

总裁： 我们不是讨论过许多次关于我是一个完美主义追求者的问题吗？在湖北这个环境，如果我有原罪早已蹲在班房。可惜，自从我懂事的那天起，我从没做过一件对不起国家、人民、朋友、亲戚的事情！请大家放心，但谁也不要排除这种现象的出现，因为至少"诬陷"二字仍然存在。

员工： 难道在原始积累的时候也没有吗？

总裁： 可能吗？千里马公司是做实业的、是做未来的、是做人格品牌的，做企业是很单纯的，每天为原材料、生产、营销操心，犯罪的机会是极少的。再说，"先创人格品牌，再创商业品牌"是我永不动摇的原则！

员工： 可马克思说了"原始积累的过程是血淋淋的"。

总裁： 马克思说"原始积累的过程是血淋淋的"，这话我并不欣赏，至少是个片面的总结，况且马克思已经逝世这么多年了，他死之后世界格局发生了这么多变化，他哪知道？最起码我就没有"血淋淋的过程"。

不要轻易崇拜人，更不要随意崇拜人，相信自己！

员工： 大部分权威专家认为民营企业的寿命通常只有 3 至 5

年，你认为呢？

总裁： 你可以扳起指头算一下，千里马公司多少年了？10年了！不要老去算命，要"算"如何活命！

员工： 自从改革开发以来，民营企业许多老板相继被中国司法部门置倒，你觉得中国的私企老板最终是什么命运？

总裁：

未来10年，新生和知足者2:1；

消失和壮大者1:2；

最终的命运是胜利加苦果、美酒加咖啡——2：2！

（热烈掌声）

员工： 请问总裁对我们保安的看法是怎样的？

总裁： 我们的保安现在是经济警察支队，现在你们是一支极具战斗力的队伍，因为你们现在都能操作电脑，不仅记录保安事宜，还能协助办公环境的工作，电脑考勤工作就极大地帮了公司的忙，不错！

员工： 你在打电话或手机时有没有打过错号？如果有，而对方又骂你，你有什么感受？

总裁： 这是一个很正常的动作，不必浪费时间去和他解释，更不会和他去对骂，我习惯这句话后就挂电话："对不起，是我打错了。"我这句很有礼貌的话往往把对方的烦劲给化解了，所以，我虽然打过许多错号，但从来没挨过骂——希望大家学学。

员工： 那如果别人打错你的或不怀好意的电话，你态度如何？

总裁：生号不会接，错号不会吵，恐慌电话从不屈服，无聊电话和信息进来第二次时即已设定了忙音和删除，对方以为我收到，其实我终生不知道，所以更没烦恼，但请你们今天在座的各位为我保密哟。

员工：假如我们的产品有一天失败，那怎么办？

总裁：你应该问千里马倒下去，怎么办？

员工：产品是有可能的。

总裁：你提这些问题的目的，我很清楚。比尔·盖茨说过，微软公司离破产永远只有 1 年，我说过：千里马离破产永远只有 1 天！

我们在任何时候都要想到破产，我是提醒你们不要把千里马看得过于理想化，要时刻感觉到危机随时随刻就在眼前。

员工：张总，最近有一本很流行的书叫《谁动了我的奶酪》，是美国斯宾塞·约翰逊（Johnson, S.）写的，你读过吗？

总裁：读过。

员工：你觉得该书给了你什么样的启发？

总裁：这本书主要用四个小动物以拟人化的手法，围绕奶酪讲述一个如何顺应变化的故事。我理解作者的本意是要讲述两个道理，一：奶酪是会自己溶化的，不要去轻易地怀疑是被别人拿动了；二：因为奶酪是会溶化的，所以，你的观念要随着奶酪的变化而变化，而不要永远抱着一个观点不放。

员工：那你是不是这样做了呢？

总裁：相反，我在怀疑别人之前，首先怀疑自己：我这样去怀疑别人是不是对呢？

员工：但老板永远是去怀疑别人的。

总裁：没错，做一个老板应该永远去怀疑别人，比如与客户签订合同时就应该这样：首先假设别人提出的条件或对你的承诺全是假的，先小人后君子，将一切甚至是有伤人格的问题全部毫无保留地摊在桌面上去怀疑他。但话说回来，一个真正的老板，是在怀疑别人之前，首先应该去相信别人，尤其是自己的员工，至少我是这样做的。

员工：就以你举的合同签订为例，假若对方最终违约了，你如何去适应这种变化？也就是说：奶酪溶化了是不能恢复的，你怎么办？

总裁：……

（笑声、掌声、张鸿毓也在笑）

总裁：一切有经济往来的行为，都有不可确定因素，所以，在这个因素到来之前，你就应该有预先的心理准备。

合同有欠缺是可以修改或重签补充条款的；而奶酪溶化后就改变了原样，而这种改变是不可能修复的。"奶酪"的故事只强调了人们要接受和顺应客观事物的变化，但大作家斯宾塞·约翰逊先生忽视了一个更大的哲理：

人是可以主观改变客观变化的！

我相信作者写这本书的动机是好的，但以"奶酪"为道具是非常失败的，如果以奶酪带出一种观念，那么，奶酪溶化了，是不是观念也溶化了呢？然而，奶酪溶化了是不可以改变的，而观念是可以改变的呀！

（掌声）

员工：请跟大家讲述自己个人的成长历程和最难忘的某人或某件事。

总裁：成长经历比较复杂，这个问题还是以后再说吧。

员工：在您将近10年的记者生涯中，您最大的体验是什么？最大的收获是什么？

总裁：这个可以告诉大家，我当记者有两次最深的感触。

第一次，我去神龙架原始森林拍电影一级动物金丝猴——其实还带着一个梦想，去看看真的有没有野人。在神龙架原始森林，第一次去呆了3个月，我差一点迷路，差一点死掉了。掉到森林里面的落叶"陷阱"就会埋到脖子上去，那都是千年的积叶。听到了许多野兽的叫声。有一次，有一条毒蛇来到跟前，还好，我没有做过恶事，所以它也没有做恶事，没有咬我。但是，有一次迷路，怎么走都走不出来，我就仰倒在箭竹丛，一倒下去只看到一线天，天上有一片白云，那时世界只有一片死寂。突然感到脑子里一片空白，感觉到完了，要死了，怎么办？还有许多许多的事没有做完。这个时候第一就是求生的欲望，马上就想到还有谁没有交待，还有什么事没有做完，这一次给我的感受是：

人要活下去。

第二次是到沙洋劳改农场去采访，这是中国最大的劳改农场。这件事情比较难忘。我在沙洋劳改农场采访了许多许多劳改犯，确确实实是遇到了一些"冤案"，我进去了以后，许多犯人听说是记者来了，一哄而上缠着我，平常见不到哇。我一走进那女子监狱，一片哭喊声，甚至上来抓你，有一些当然是有罪的，但是有许多（在那个时候）是冤枉的，当然这有一些特殊的背景，我采访的那些人大部分是1983年严打期间的，严打是对的，不错的，但是因为在中国这种特殊环境之下，有些执法人员利用小平同志的严打机会报复了他的仇人，这样形成的冤案许许多多。举个例子，在女子监狱，有一个女的就拉着我不放，那个女警察上来拦她，我说不要拦。那个女的跟我说：

有天晚上生了小孩，可没有米下锅，没有饭吃，肚子还饿着，老公也没吃。小孩要吃奶，怎么办？他的老公（农民）拿了一个鱼网，要到人家塘里去打鱼，偷人家的鱼，妻子就拉着他，不让他去：

妻子说："那不行的，搞不得的。"

老公说："没办法啦，先顾命再说吧。"

妻子说："那如果是这样，我陪你一块儿，要死一块儿死，要生一块生。"

老公说："那怎么行啦，你刚生完小孩。"

妻子说："我给你放哨，给你看着"

没办法，一块儿去了，刚生下来的小孩丢在家里，拿着一张网，到后面的塘里去偷鱼，但那个塘已是分户到家了，属于别人了。他一网撒下去，这鱼还没有捞起来，就被人逮住了。结果男的被判了无期徒刑，女的被判了3年徒刑，为什么？还有故事。

当时的办案人员大都是临时组合的各方面干部（严打时人手不够哇），其中有一个供销社的干部曾跟他们之间有一次纠葛。有一次这个女的老公挑一担粪在下坡的路上走的时候，这个供销社的干部骑着一辆车撞在他的粪桶上了，粪桶被撞破了，两个人身上都是一身的粪，就吵起来了，就这个问题闹了矛盾。就是因为这个矛盾，严打时，这个供销社干部正好被借到严打办办案。这个供销社历来经常被盗，现在报复的时机到了，过去供销社的损失，都算到这个女的老公账上了，认不认，不认，就鞭子抽，不让你睡觉，不让你吃东西，一直到你认为止。他忍无可忍了，认了，签了字。这个损失你还赔得了吗？那坐牢呗，于是乎就这样了。

妻子也在小孩还没满月就同时被判了，就被放在这个劳改农场的一监狱（女子监狱），男的就在三监狱。我后来又去看了那个男的，把这个情况跟上面反映了一下，女的提前放了，男的不知道命归何处。

通过监狱的采访，我感触更深，人如果到了那一步，你的价值就被全盘否定，人没有意义了，生命没有意义了……人，到了监狱，一切价值都将被否定。

监狱就是对你人生价值的否定！

通过对监狱的采访，我感触极深，如果说在神农架因迷路绝望是对生命的感慨，那么我在沙洋劳改农场采访接触犯人就是对人生的感慨。

这两次采访给我最深的感受是：人不仅要活下去，而且要好好地活下去！活着才有价值，才有希望！

在沙洋劳改农场，我还遇到这样一个故事：

在机械厂，我见到一个劳改犯，还不满 18 岁，好眼熟，一问，果然是我小时候见到的我父亲同事的儿子，他叫熊 XX，16 岁时却被判处了 16 年徒刑。虽然都是在"严打"年代判的刑，案情有点悬，但终究你被判刑了！我少许了解他的父亲——和我父亲一样是右派，但我也深知他父亲为了培养他而付出的心血！他在父亲眼里应该属于一个不争气的儿子，最后锒铛入狱。

这件事让我深感一个做父亲的为儿子所付出的代价，同时，我也想到我与我父亲之间长达 20 多年直至他去世时的隔阂……

员工：据说由于文革原因，张总与父亲之间有许多离奇的故事，能否请张总讲一些给我们听听？

总裁： 以后方便时再说吧。还是接着把这个故事讲完……

监狱里熊 XX 的故事让我触发一种对父爱的思考，于是，我在这部电视片里描述了一大段关于父子情深的解说，同时，写了一首歌，叫《爸爸，我为什么忏悔?!》，并把它作为这部大型纪实电视片《在那块默默的土地上》的主题歌，而且，我选择这个劳改犯熊 XX 录制、演唱。十几年过去了，据说，这支歌至今为止，一直在中国各大监狱唱响，每每催人泪下。

现在，我也想请大家来听听这支歌，让我们也来共同体味一下"天下父子心"：

爸爸，我为什么忏悔?!

我知道我做错了

请您原谅我

我相信我能改过

请您帮助我

我知道我做错了

请您原谅我

重带着孩童的憧憬

请别抛弃我

昨天的我已经可惜地错过

明天的我不能再不把握

在您的皱纹里

请消去严冬的冷漠

在您的白发上

请留住古老的寄托

啊，

威严的父亲，亲爱的爸爸

哦，我为什么忏悔

我为什么忏悔

为什么

疯狂的赌注毁灭了昨天的我

哦……

（掌声、有人掉泪）

所以，咱们活着，一定要好好活着，不要迷路了，死去了没人知道，也不要人为地把自己搞死了。

我不知道我是不是一个成功的男人，我没有多想这个问题，但我反而每天担心自己会失败。

一个人在轰轰烈烈的时候一定要谦虚，低落的时候要有信心，要有底气，要沉得住气，既不能好高骛远，也不能低三下四，该怎么活，就怎么活，活真实一点，成功就成功，失败就失败，男子汉大丈夫无所谓这些事情，只要你底气运得足，没有关系。

所以说，我不敢说我是一个成功的男人，我只是在朝目标路上走。

我认为一个人追求名利是正常的，要名要利之心，谁都有，虚荣心谁都有，这一点是允许存在的，不可否认的，这是人的本性，但我送给大家一句话：

活真实一点，努力一点。

（掌声）

总之，每个人都有一段难忘的故事和一些难忘的人，不过，我觉得，人都应该多想想将来而不要沉醉于过去，对于过去要拿得起放得下，钻得进去，跳得出来，我曾经在这方面也有极大感慨，写过一首诗，我想，作为今天的"总裁答辩日"的结束语送给大家！

（掌声中朗读）

该 忘 了

没有忍耐　对着大海

没有呐喊　对着天外

没有往事让我沉默

没有悔恨让你回来

那年的付出让我承受到现在

那天的约会失落了我的将来

就让世上本来就没有过那一段

有什么可以让我放不下来

该忘了

忘得了当年的春风

忘得了当年的洁白

忘得了当年的亲吻

更忘得了今天的不该

哪怕我爱的世界

永远是一片空白

没有回味　　对着期待

没有惆怅　　对着胸怀

没有岁月让我迷乱

没有彷徨让你回来

第 **25** 辩

对公司而言：
执行力就是生产力

2002 年 4 月 28 日

员工： 张总，国有国法，家有家规我们理解，你把你制定的《千里马管理法》称为企业内部法律从而强硬推行我们也可以接受，但我从《千里马管理法》中看出，你好像想把我们的终身都变成千里马人，这公平吗？

总裁： 我不是要你终身变成千里马人，而是要你在千里马的时候就是"千里马人"。同时让你走到哪里都像一个有素质的人，起码水准高于一般人，品行高于一般人，档次高于一般人，这样就行了。

员工： 请问总裁，公司重大方针政策一旦制定之后，能否随意更改？

总裁： 在很大程度上，在较长一段时间，公司的管理计划是不会更改的。但市场不是一成不变的，不允许我们思想僵化。清政府就是不愿修改《大清条例》，认为它是先皇制定的"宪法"

不得修改，所以垮台了。

员工：但美国《宪法》至今没改过呀。

总裁：《宪法》只是一个框架，就像我们的千里马发展计划，但在运作过程中会有不断地政策指导，美国就不断地有议案出笼。

一个公司的制度不管最后修改到什么水平，任何一个员工都必须认可、服从，否则，你就不要加盟该公司。因为任何一个公司的制度都是从公司的利益出发而制定的，公司制度在维护公司利益的同时，已经把员工的利益考虑进去了。这个"公司制度"比起有关法律来可能更严谨、更能代表公司操作的先进水平，所以，

对于公司来讲，制度就是法律！

员工：对于公司的各项规章制度是应该严格执行，但公司不能凭兴趣，想起来就罚罚款，没想起就不闻不问。请问张总，是这样的吗？

总裁：公司的规章制度如何严格执行的问题，是每一个公司最头痛的事情。为什么有制度不能严格执行呢？原因有几方面：

第一，由干部的素质所决定。

所谓干部的素质也就是说我们的干部多数是年轻的干部，年轻的干部过去在他的单位或任何一个岗位可能没有履行过他的干

部职责，即使履行过，也没履行过私营企业的管理规则，总认为这个企业是私人负责，与己关系不大，错了！

不管是国营还是私营，责任是一样的，很多在私营企业就业的员工被送进牢房就是因为忽视了这个问题而致！加上他忽视了一个最重要的管理环节，就是：他没有熟练掌握公司规章制度的条款。

掌握了制度就掌握了命运。

不掌握公司管理制度的条款，永远都当不好干部，也永远没有提升的机会。所以他在实施过程中到不了位。

当然，制度光掌握还不行，它最终的意义在于执行，

执行力就是生产力！

第二，社会环境的原因。

某些职工或个别职工，他把在他的生存空间里所感染的那一套不良习气带到我们公司来了，而一时间又改不掉，你敲他一下他改正一下，你不敲他又犯，造成一种恶性循环，影响到别的员工。

有些员工和干部之间的年龄比较接近，甚至有些在学历、水平、思维都比较接近，你若管他，他会说："你凭什么管我呢？

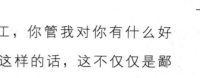

你也是在这里打工，我也是在这里打工，你管我对你有什么好处？老板只有一个!"我再也不要听到这样的话，这不仅仅是鄙视我，最重要的是他自己在否定他自己的价值，把自己说得不值钱，我希望这种员工以后不要在我们公司出现。

我们的规章制度，不管是从哪个方面讲，都比较严格，几乎没有什么多余的修改，就是到位难，难在哪里？并不是像有些人说的那样：太超前。难就难在一些员工的素质上，我毫不客气地说，我们公司有一部分员工的素质是非常低劣的，我看不顺眼，但没有吭声，我心中有数，我相信大家心中也有数。

比方说，很小的事情——往厕所里倒饭渣。这个洗手盆到现在堵住，就是因为里面积满了渣子，这种事过去也发生过。在房间里面乱扔渣子，走廊上抽烟，大声喧哗，串岗跑到别人办公室悄悄去打电话，这些都是属于素质方面的问题。我想你在犯这些错误的时候，心里是慌的，特别是在被我看到以后。

中国的卫生环境差是由经济条件决定的，家居、办公都不具备环保、卫生条件，导致中国人不懂得卫生，这情有可原，但你现在已经步入现代模式的公司环境中，难道你还有什么理由拒绝改造自己吗？

一个人对环境的适应如果没有可塑性，那么，人们对你素质的印象，将改为对你本质的怀疑！

大家要共同把这个事情维护好，在一个新鲜的空气之下，我们来塑造一个公司，对我们大家、对个人都有好处，用不着活得那么累。还有要求的工作时间讲普通话，很多员工能够办得到，但往往是在我跟前达到了；互相之间交谈时，完全是一口武汉话，不论是拿起电话筒对外公关的时候或者是传同事的电话的时候，说着武汉话，我是最不高兴的，因为这个时候你就在传达我们公司信息，传达我们公司的一个管理，你说普通话，对方能感觉到我们的办公气氛。

本公司要求普通话办公，是在报纸上登出招聘广告时就公布了的，这方面我要求得越来越严，希望大家这方面严谨些，罚款只是手段，不是目的，有些罚款是从干部开始的。有一次开干部会议是拿着罚单开的，首先罚迟到，罚完了以后罚工作上、业务上失职的，然后罚员工，谁的点子低，谁就被罚。

我没有办法去抓每一个人，抓一次算一次，抓住谁，谁倒霉！

有些员工走路的时候都是油里油气，我看不习惯，如果是社会上的、外面的，我没有权力去管他。在我们公司就不一样，那样人家会骂我，骂我们公司，会看不起我们。所以我提醒大家注意，千里马人嘛！公司人要昂首一些，蓬勃一些，精神一些，有什么不好！现在每天还有一支巴参，如果精神萎靡不振，你还可补一补，各个方面都在帮你达到。

（众笑）

员工： 是否有加班费？

总裁： 首先，公司没有加班制。严格来讲，公司不主张加班，加班只能在精疲力尽的忙乱中做一些没有质量、没有效率的琐事，而且公司工薪成本提高了，还影响了第二天的工作，不划算。公司要求员工在 8 小时上班的有限时间内，应提高效率完成本职工作。当然，若公司某阶段确实需要加班时，当然有加班工资。

作为一个员工，在每天有限的工作时间内，圆满完成公司交待的工作是你的本分，提前是你的效率，超额是你的气魄，达标是你的敬业，粗糙是你的无知，加班是你的懒惰！

一个优秀的员工能够在每天有限的工作时间内创造出无限的价值，因为他实际上把打工族的本分变成了他的一种天分，心态良好，无拘无束，毫无私心杂念。相反，如果连工时概念这点本分都没有，那你就不是员工。

员工（邹艺）：总裁，我来千里马之前已在相关公司上班很久，同样的职业对我来讲已是很熟悉的工作了，所以，我希望你考虑对类似我这种员工是否能取消试用期，或者适当提前转正，缩短试用期，我觉得这一点特别重要。

总裁：制度是死的，但人是活的。

你这个意见不提，公司也会这样做，这是对人才的一种公平留用的方法。但话说回来，两个陌生人毕竟要磨合一段时间后才能成为熟悉人，至于你以前从事的职业和经历如何，我毕竟一无所知。而且，即使你在原单位是何等重要的人才，但对于我来说可能根本毫无价值，我们必须重新认识，你必须重新开始。即使是个博士，在我看来也得从一个普通学生开始，直到你被我认可为千里马的博士为止。这就是任何一个打工仔在决定"跳槽"前必须具备的心理准备——重新再来一次！不是天生你才必有用，而是天生你才被我用！

员工：社会是一个复杂的大家园，家庭不和、爱情纠纷、血缘代沟、同事不合、国家纠纷都集中为社会矛盾，你认为这究竟是什么原因造成的？

总裁：利益驱动！一切矛盾的产生都是因为经济基础造成的，贫富差距导致家庭矛盾和上述你说的一切矛盾，即统称为社会矛盾，所以，马克思为什么要搞共产主义？——可不是简单的共产共妻哟——当然，对政治和经济的理解目前人类存在一定认识上的差别，经济政治学讲究经济制约政治，政治经济学是一种和谐、理想主义的经济哲学。

不管什么原因产生这种矛盾，大家都希望在一个公平的环境下生活，而在达不到这个条件时，大家只好制定一个规矩来进行限制和避免一些矛盾的产生，这就出现了国家机器，制度也就是这样产生的，制度就是一种约束，对你的私欲所进行的约束。

员工：可否问张总，你为什么放弃艺术而搞实业？

总裁：不是放弃艺术搞实业，而是为了进入更高的艺术。要追求文化及艺术的发展，经济是基础。我用文化的方式管理经济岂不是更好？

投笔从戎并不意味着撇开文化，不是放弃，而恰恰是将文化发扬光大，这两者是相通的。我渴望艺术，并使之更大限度地发展、发挥，实现自己的观念。否则，我究竟为什么要放弃省电视台一份这么好的职业而下海经商，自找苦吃呢？无非是寻求更大的发展空间，让艺术有一天达到更高的意境。

员工： 我们也觉得张总作为一名出色的电视台工作者、记者、编导为何要下海办公司呢？

总裁： 从目前我国电视台的体制来讲，并非能按我的意愿发展，这样，我的很多想法和事业就受到了约束。再说，投笔从戎并非我先，对我自身来讲，我也许是在做一个曲线救国的布局，但从大的方面来讲，是实业报国哇！

当然，思维活动未必取得行为结果，曲线救国乃醉翁之意不在酒，摧毁敌对附庸因素就是制胜对方的因果，于是，我可能是在"围魏救赵"！

我的这番话本不该讲，你们现在也未必听得懂，比较隐晦，将来也许会明白，以后再验证吧！

员工： 你刚才讲你的很多想法和事业在电视台受到了约束，我想请问，你在千里马公司所制定的制度实际上不也是想把每个员工的想法和事业限制在某一个范围吗？如果是，你觉得这样好吗？实际上这种约束未必能达到好的效果，或许会隐藏着更大的危害呢？作为一个优秀记者、编导，你从省电视台下海不就是给电视台造成了损失吗？这和我们有什么两样呢？

（众喝彩、鼓掌叫好）

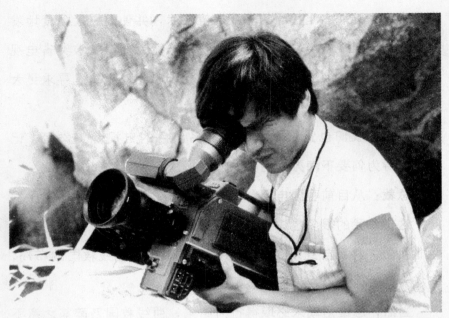

在湖北电视台工作期间

总裁苦笑：厉害！制度就是法律，这在公司是毫无异议的，我就是这么定位的。但你说的也有一定道理，约束有可能带来一定的潜在危害，有可能

约束让私欲更加隐蔽。

因为有了私欲才产生了约束，制度和法律就是在这种情况下产生的。但有了约束并不意味着就能消灭私欲，约束确实有可能让私欲更加隐蔽和高明。

但是，隐蔽总比暴露好，我们只要想办法不让他"爆发"就

行。这就需要各方面制度的灵活管理，包括人性化管理。

我给你们讲个中西方文化差别的现象。美国警察要求每个人每天要坐两次公共汽车，每次不得少于两站——当然任何线路都可以。为什么？目的是要让所有的犯罪行为无机可乘，让你看到警察处处暴露在阳光下，你根本无处下手。但事实是不是这样呢？一个人真的要犯罪还没有办法吗？但美国的犯罪心理学家不是这样分析的，他们认为这样可以减少大量的犯罪计划和突发犯罪行为，他是要你"不要犯罪"、把你的犯罪意识消灭在摇篮中。

中国呢？中国警察可就不一样，如果知道你要犯罪，他不是想方设法把你的犯罪意识消灭在摇篮中，而是守在角落里等着你犯罪然后说"不许动"。要知道你把他抓走后国家又要开销多少吗？"那可不是我警察的事！"美国警察是全副武装将武器暴露在外，让你处处感到威慑；而中国警察是隐藏起来的，是怕人抢还是怕走火呢？

私欲是不可避免的，我们只能尽量减少数量而不可能消除，所以，让它"隐藏"起来比暴露出来好——要是都暴露出来，你算一算国家财政开支和精力吧，房地产住宅开发就可能变成房地产监狱开发，因此而带来的社会问题就会更多。

仅一个中西文化的差别，足见对"私欲"、"约束"的不同认识，而公司的制度也是这样。约束并不是像你说的要把人的思想给禁锢，相反，我们的制度里更有一些开拓思想的方法，不要把制度仅理解为冷血框框，更要看到其中阳光的一面：发展。

员工：我觉得公司财务报销制度不完善，上下缺乏沟通。

总裁：我们的财务制度应该是比较严密的呀。我听说有人出差回来说这趟差我亏了多少多少，但背过去他跟别人说这趟他赚了多少，我觉得这些员工的道德何在？用心何在？要杜绝贪污行为，首先从财务这个敏感的部门开始。

员工：外购货物时是否能尽量控制现金购物，多用转账支票呢？

总裁：不是尽量而是要严格控制。因为第一，现金带在身上较危险；第二，现金不好结账；第三，与财务管理制度不符。而且，从犯罪心理因素讲，谁手上有现金谁犯罪的机会就越多，相反就少。

在公司的《购销合同书》中有一个条款："无论任何理由，乙方以现金与甲方财务人员以外的职员结算或回款，导致的不良经济后果将由乙方承担。"我们在销售行为中，对方客户都不能给我们现金回款，何况我们自己呢？

在此，我要再次提醒大家，千万不要与客户有行贿受贿行为，谁要是接受或索要客户好处，除追回赃款外，还要毫不留情地绳之以法！同时，我们永远也不再与这种客户打交道，不再交这个朋友，因为他在破坏我们公司的规矩，破坏我们管理制度的系统，这种人将从朋友变成敌人。

员工：在外地，要打开市场，广告是必不可少的，这就存在着一个广告费的问题，尤其是现金灵活掌握的问题，可我们无法掌握现金，怎么办？

总裁：公司有规定，拿现金的最大限额不得超过 5000 元，其余的带汇票。且借款人在公司必须有信誉，他才可以在公司借款，审核通过后在财务领款。第二，看你用钱干什么，借的款一定要专款专用。广告费等一概要用汇票。曾经有一个业务员去南京开发市场，他领了 5 万元的现金，结果他没去，拿了钱就跑了。他拿这笔款自己去做贸易，一转手赚到 10 万，过了几个月这些钱又还了。钱是还了，但公司照样追究法律责任，因为公司受了损失。

前车之覆，后车之鉴，所以要限制现金量。

员工：可我们在当地招的员工，没办法签约，开支没法支付。

总裁：除总部核准的员工外，一律由地方自己消化，而且不能占用其他资金，这就是硬性管理。大家一定要知道在任何一个公司，在现金管理上是极为强硬的。

员工：在搞促销活动时，请外面的人发传单，给予补贴，应有每个促销人员的签字，而现在只是代表性的签字，能否实行下去呢？难道公司不怀疑这其中有猫腻吗？

总裁：费用是包干了的，财务对此管理是有门道的，代表签字是无效的，猫腻发现是要绳之以法的。

员工：千里马集团管理十分严谨，在处理犯错误人的问题时非常严格，请问公司各种处罚与共产党的"治病救人，惩前毖

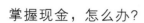

后"的方针有无联系？为什么？

总裁： 我是一个理性的人，我也是一个理想主义者。

我是一个非常灵活的人，我也是一个非常古板的老板。

我古板在哪里？我古板就在维护我所制定的制度。特别是在处理自己认为比较得意的人的时候，我是非常不忍心的，但是我从不姑息，这是肯定的。不是说不给你机会，我常常给一次机会。第二次是绝对没有的，包括朋友、领导介绍到公司来工作的员工，大家有目共睹。

但我也不把你一刀砍死，一个人并不是因为他在我这里有一个过错，就说明他一辈子会错，以后就不是个好人。为什么我们公司不断的有人回来呀？今天还有我们 5 年前的员工来应聘，我不是这种人。

但是我有一个观点，特别是你们新来的员工，我告诉你们，你们要记住，如果你要辞职，你这个辞职报告在递我这里之前要三思，因为只要张鸿毓桌上有辞职报告，必签，从不挽留，这一点请大家谨记。

通常是人才老板都会挽留他，我不！挽留是我在下面听说要辞职的时候，我挽留，可以了解情况，但是你真的递到我这来的时候，我不会挽留，我只会签上"张鸿毓"三个字，为什么？两个原因：

第一，我认为你真的是不想干了，真的是想好了要离开我了，挽留已没有意义了；

第二，你可能是来试探我的，要挟我的，或者是你有能力没有得到我的重任，试探一下，看怎么样，这种人绝对不用。

就这两个原因，所以到我桌上的辞职书，我绝对签。

至于"惩前毖后，治病救人"，我明确地跟大家表态，我不是共产党员，虽然我写了13次入党申请书，虽然最后一次我有机会入党，但最后组织上还是做我的工作，要我把指标让给了年龄大的人，说我年轻，机会还有，到第14次我就不写了。

虽然至今我不是共产党员，但是我非常尊重共产党，我并不认为至今为止我的所作所为比对一个共产党员的要求差。共产党打出一个天下，共产党有很多的理想，但也存在很多问题，共产党政策都很好，但下面很多做法不令人理解，所谓：上面很好，下面好"狠"！

我认为这绝对不是《共产党宣言》造成的，这是一个具体的国家在做自己国家具体的事情的时候所造成的。

这个问题包括国家干部、公务员，低薪、差待遇，这样不是说没饭吃，而是这种公务制度导致了一大批腐败者。

为什么腐败？他没钱吃饭吗？老婆都说他没用，别人都在做生意，做老板，你还在机关里当干部，他不搞行吗？回去老婆那儿交不了差，儿子要上学，上学又没有钱，一个月千来块的工资行吗？不找张鸿毓老板去要点怎么办？

这个国家的公务制度导致了一大批的腐败干部，但我相信今后会有所改变。我这样认为，我是私营企业老板，我们要生存，

攻击

第25辩 对公司而言：执行力就是生产力

261

不能和员工花太多的时间去纠缠，没有时间去治病救人，没有时间惩前毖后，要么当时毙掉，要么你回家，我不救，我这观点不知道符不符合人情。只是让大家了解，商场就是战场，没有时间去发抖、开不开枪呀，要么就开，要么就坐以待毙！

员工：市内联系工作，车票如何解决？

总裁："打的"一概不予报销！对市场销售人员公司实行的是个人经济包干责任制，"打不打的"是你自己的事情，有些业务员送一盒货也"打的"，赚的钱还不够付的士费，咱们辛辛苦苦赚的钱又轻易地被别人赚走了，然后想方设法编个故事哄报销。有些部门干部原则性差，把关不严，甚至同流合污随意签字报账，容易造成公司资金流失。

在目前中国人的打工意识和素质还处于低级阶段时，老板无法面对变幻莫测、名目繁多的员工行为，因为招不胜招，所以，对于这类无法相信、难以判断准确的经济行为中的细节问题，包括类似其他方面问题，只有采取最简单的办法：一刀切！

即：凡是"的士"票一概不予报销，而且，要斩钉截铁地执行下去，没有特例。这就是制度。对企业来说，制度就是法律！

第 **26** 辩

公司永远
等级森严

2002 年 10 月 28 日

　　员工：张总关于"制度就是法律"的学说将企业定位得是否过于威严？关于什么是企业管理，各人理解不一，你是如何解释的呢？

　　总裁：制度＋人格＝管理。

　　员工：千里马集团是否人人平等？怎样才能消除下属对上属的畏惧感？

　　总裁：我是当记者出身的，在我的职业生涯中，上见过国家最高层领导，下见过最底层人群，我上不卑，下不亢。我知道人与人之间的心态是怎么一回事，在任何一个公司人格上没有上下之分，只有职务上才有，职务上只有在工作时才有，走出这个门，人人是平等的。

　　怎样才能消除下属对上属的畏惧感？很简单，你问心无愧就行。

有人反应我在办公室里从没有笑脸，成天拉着个脸，这可能是我做得不对，可能是由于老板工作紧张养成了全神贯注的习惯而至吧。有时候老板是有可能反应不过来的，这时候就需要员工的理解和谅解，我也不愿意这样呀。

昨天有一个员工辞职，我不认识他，前几天见了面，他说从我见到你的第一眼开始，就见你拉着个脸，从没见你笑一个，你能不能在我离开的最后一刻笑一下呢？"砰！"他还真把我说笑了。

一个公司的等级必须分明，公司提拔干部实际上提拔的是能力，但确立的是权力。平等的只是人格，而等级是永远也不可能平等的。人格平等，等级永不公平，这是个执行力要求达到的基本系统、基本阶梯，是无可非议的。

在公司之外，人人平等；
在公司之内，永远等级森严！

员工： 总裁，请问你进办公室的第一件事情是干什么？

总裁： 开电脑。

员工： 销售公司省总经理做到什么业绩可以奖励轿车？有没有具体标准？

总裁： 我真的还没想到这个问题，我只是跟大家说过，只要我的这个兜里有，大家兜里就都会有，所以年前奖励轿车没有一个人想到，我从不给人做承诺，我从不给任何人做许诺，我只是说你要注意好好干。你到任何公司去都是干，不要跑来跑去。你到一个公司去应聘，我觉得你寻找到两个东西，你才可以在这个公司里干：

第一，找一个好的产品，

第二，找一个好的老板。

找老板看什么？

第一，看老板的品德、品行；

第二，看这个老板赚了钱之后干什么。

我觉得就看这两点，看这个老板赚了钱之后是不是往自己腰包里放，去搞一个大别墅，搞个东宫、西宫；后宫、前宫，然后拿钱送给这个那个，别人说做什么，他就做什么，那么这个公司肯定要垮。要看这个老板赚了钱以后干了什么，是不是投到更好的项目里面去，是不是还给员工发一点，我想你无非找这两点。

但是我可以提醒一下：没有一个人到一个公司里去应聘，就一步登天的，没有的，如果他一步登天，他一定垮得非常非常快。

跟我一起创业的员工现在还有，现在尝到了甜头，但是你并不是一来到公司就飞黄腾达，你一定要走一个过程，你一定要让时间来检验你，检验大家，还要给老板检验你的一个空间，你才能坐得住，你才能得到更多，大家才服你的气。所以不要害怕时间，时间要争取，要抓住机遇，有些方面是必须要时间的。

人的成熟要时间吧，不是一天两天成熟吧，不要想得太复杂。我这个话是对新员工讲的，过去的员工我也会讲，但是公司炒来炒去，觉得没什么必要。

我可以回过头来说一下上次有人提出的"治病救人，惩前毖后"的问题，对人才处理的问题。我招进来的员工，如果你是一个能人，我会好好地用你，这是肯定的，但是你要会把你周围的关系处理好，不要老让人来我这里汇报、打小报告，说你的坏话，这是很困惑的，这是第一。

第二，如果我已经把你招进来，你不是个能人，不是很有能力，怎么办？我愿意给你时间，好好磨练自己，好好锻炼自己，但是你拿不到高薪，这个必须给你说明。你认为这个公司适合于你锻炼，你可以再干下去，我毫不讨厌你，没有问题的，这是我做人的原则。因为我做这个公司就是要把它做大，而做大就要有一批人才，要有一批总经理。我们要开一批公司，但不是急于求成。

千里马公司不是做知识人才，而是做社会人才。有人就说我："你何必这么累呢？这么多年一直在培养一个人，结果又走了。"

不要紧，那不是累，要知道那是享受啊。你走吧，终究还会回来。在我们这儿起步，学到正统的东西，在别人那里去实践，再回来管理，又有什么不好？

员工：请问张总，千里马是否频繁撤职、换人呢？如果是张总裁本人因企业管理上出现问题，是否也要撤职换人呢？谢谢！

总裁：首先我强调一下我没有频繁地撤职换人，我可能只是频繁的撤人，因为部门干部的定位，我几乎是征求他的总经理的意见；市场人员我听从市场总经理的意见。那么你荐人之后，我只是来撤。你荐他是因为你了解他呀，你说他有能力呀，我不了解，当然你说了就算，我只是考核各方面怎么样，我的任务就是来撤职的。

我警告各位总经理，我的任务是撤职的，不是定位你的。你提供这个干部不行，我就撤掉，换一个行的来，不是频繁的去做，而是认为他不适合，那就得换。

那是不是说总裁出了问题，就要把我给撤掉呢？如果说是我出了问题，当然可以把我撤掉啦，问题是没有人来撤我，更没有人来换我，那就没办法。

但是如果说我的思维真的是僵化了，不用你说啦，我巴不得天天坐在海边去写东西，我好多东西要写，都没时间了，现在就是你们缠得我脱不开身，说实话，我早就想溜了，太累了。

（众笑）

员工：为什么要叫您张总而不能直呼其名？

总裁：这就是等级体现。在写字楼里必须叫张总，出了写字楼，大哥、鸿哥、老张、小张都可以。

员工：那您叫吴总为什么直呼吴庆洲而不叫吴总，是不是有一种歧视的味道？

总裁：直呼名字或先生，在一定的环境下是允许变化的，我想我在语言上不会轻易犯错误，特别是在称呼上不会犯错误。

我在公司叫下面任何一位干部的时候多数都是直呼其名。在外人的面前却都是叫"总"，抬他们抬得比我好。

外国人最喜欢你喊他的名字，不喜欢你喊他的职务。你喊他的名字，他会很高兴，"啊，你还记得我"。在金巴杜你们可以试一试。

在公司我直呼你的名字，老板多数时候需要居高临下，我认为是应该的。如果我和你都是平等的谁来牵这个头？谁当千里马的马头？总裁没有气势，没有霸气，公司怎么走到世界的前列去？千里马的级别一定要有，等级一定要有，但在人格上没有等级。

第 *27* 辩

人性化管理
化解冷血制度

2003 年 5 月 28 日

员工：我们公司的制度可谓严谨、全面，可操作起来往往又有许多人为的一面，请问张总是什么原因？

总裁：很多时候，我们对于制度的理解是由操作者解释的，但不管谁有理，最终不要脱离一个宗旨：人性！一切问题在相持不下的情况下，我们要用人性化的管理方法去解决。

当然，人性化的管理不仅仅表现在某一个方面，许多方面都有它的所在，如福利管理，尤其是人才管理等。

公司管理的成败与否，取决于人才的管理，而人才管理的核心是人性化的福利管理，这相互间都是有关联的。

制度是没得商量的，是板上钉钉，冷血无情——就是个冷血制度。

但制度是死的，而人是活的。越是制度定得严谨、全面的公司，越要体现人性化管理，也越需要人性化的管理！

员工：我们说了几百年的人性化管理，请问张总，究竟什么是人性化管理？人性化就是人情味对不对？请你能用最简单的语言给它定位。

总裁：为了发挥人的最大潜能而以情感为代表去缓解眼前矛盾的管理方法叫"人性化管理"。

我们公司的福利管理不用多解释，而人性化管理很大程度上需要大家用心去感受。我们的"总裁答辩日"就是人性化管理的一项重要内容，而还有很多的人性化管理大家是看不见的。

许多事情可能都发生在我和个别的员工身上，比如单独的交流和工作行为等。而且，这种人性化的管理不仅仅体现在内部的管理，外部也是需要的，人性化管理可以在内部形成制度，在外部形成口碑。当然，人性化的管理很大程度上也取决于老板的品质。

所以，人性化管理应该成为我们千里马人的管理精髓，"先创人格品牌，再创商业品牌"应该成为我们千里马人永远恪守的箴言！

员工：千里马的招聘人才的方式为什么总是与其他公司截然不同？

总裁：这次招聘有很多的人，可能有些员工意想不到，这次招聘又要搞一个笔试，很多公司没搞笔试。

是的，我们公司要求的人员素质就是和别的公司不一样，我们这个公司招聘的方法和别人就是不一样，我们还有电视答辩，我们的销售公司总经理吴庆洲就是通过专家答辩论证以后提拔上来的，根据他的个人经验没有操纵过这么多的大公司，为什么定位于他？

我们可以给大家提供一个舞台，提供一个机会，让你来充分展示你的能力。你认为你有很强的能力，如果你不参加这个活动，那个活动，我怎么能够看得出你真的有这个能力呢？你在别的公司所做的那些事，我是不会确认的。

今天，我们交谈，面对面，你说我的想法和别的老板是不是一样的，没有一个老板是一样的，都是不一样的，所以我必须重新认识你，你必须理解这一点。

这次应聘当中，我看也冒出了许多人才。许多应聘省总的在下面说："怎么张总命这么个题目呀——'我心依旧'，为什么不考我销售呢？"销售你都内行了，我还考你做什么？那是考我自己，我还没有你内行吗？我考你的心态，我考你的精神。下面我读一篇应聘秘书的员工即兴写的考试文章，那是我给他的即兴命题《面包》，同样是要求在计算机上直接写作：

面　包

……你得到越多，你想要的就更多，永无止境地追求它，这就是你的一生的生活目标。无论你或穷或富，或出身卑微或高贵，都会不遗余力地想要得到它。面包也许有许多种，你不同时间不同心境不同环境去享用它，它都会给你一个意想不到的滋味。

面包有时像生活，一种你必须每天要面对，每天以它为基准的东西，一种不论上天赋予你或苦或甜，你都要努力面对的事物；

面包有时亦像工作，或酸或涩，但确实能给你活力，给你青春，让你精神焕发的兴奋剂，让你在生活中不断以它来成长，不断靠它来进取，从中不断给你满足，又不让你安于现状的东西；

面包有时也像成果，一种能喂饱你，但等你一旦拥有就想要更多的东西，而勤奋就是通往这棵面包树的唯一桥梁、云梯，桥梁越结实，梯子越高，你就能得到更多的面包，但每次你摘到的面包并不一定都是你所想要的结果；

面包有时更像希望，一旦你吃到了一个甜面包，你就希望下一个面包也是甜的，生活工作中处处存在着希望，你才会放更多的精力与注意力在此，因此，你可能因此而得到一个甜甜的面包；

面包有时是一种能力的体验，也是一种实力的表现，能够得到面包的人也是一个能够战胜困难、挫折，满怀信心的人。

在这个人才辈出的年代，竞争的激烈可想而知，物竞天择，适者生存，在这个面包已为数不多的世界，抢到最后的面包就是你的胜利。

面包这个极普通、极基本、极重要的东西，没有人可以舍弃你，没有人可以忽视你，也没有人可以完全拥有你，但我相信，我会凭自己的实力，得到你，凭自己的能力，拥有你。

给我一点面粉和水，我会做出一个好面包！

总裁：读完了。

（掌声）

总裁：我觉得这篇文章写得可以，一个口气写下十个面包，最后一个面包可能是最好吃的，结尾最后一句话比较棒。不过，如果有了面粉和水，还要特别注意搅拌过程啰。

这一次笔试题当中，有很多很多的员工虽然整个的文章不一定写得很棒，但她里面总有一段、总有一句闪亮的金子。

我觉得是这样的，一个好剧本有一场好戏，一场好戏有一个好细节，一个好细节里面有一句好语言，很多员工都写得不错……

员工：员工笔试，张总也发现了人才，我们知道张总曾经也是省电视台的才子，能否让我们听听你的作品？

总裁：好哇，我们去年推出了《山路十八弯》，现在几乎每个歌舞厅都在唱这首歌。

员工：我们都知道，《山路十八弯》是张总一手创意策划，中央电视台 1999 年春节晚会推出后，歌手李琼和有关单位赚了很多钱，请问张总你和我们公司赚了多少钱？

总裁：一分没有。

员工：投入多少呢？

总裁：百来万吧。

员工：投入这么大，一分回报都没有，请问总裁你这种投资有价值吗？

总裁：有价值。

员工：价值何在呢？

总裁：我们获得了"国家五个一工程奖"，这是中国文化最高奖，我们是唯一获得这个奖项的民营企业。

员工：按照有关法律，版权所有人是千里马公司和你个人，严格来讲，中央电视台和有关单位及李琼个人的所得是非法的，你为什么不控诉他们？

总裁：有意义吗？

员工：据说我们的律师作过一次推算，如果将全国非法出版、演出《山路十八弯》的人和单位告上法庭，索赔额将高达3亿元以上，这可以让我们千里马员工吃一辈子，你为什么放弃这一合法权利呢？

（众笑）

总裁：大家知道，真正的演唱版权不属于李琼，而属于刘英。

这样吧，不讨论这个问题，我先请大家听另一支歌——《不是一个梦》，这支歌是准备作为咱们公司的企业精神歌之一，可有更多的员工希望用《陪我走走》作为千里马的企业歌，今天大家评判一下，企业歌是企业的，企业是大家的，只有大家喜欢我的创作才成功，那就让大家来通过。

大家先回顾一下《陪我走走》，然后看一看《不是一个梦》能不能通得过，通不过我再写。我给大家朗诵《不是一个梦》：

不是一个梦

我们说　对世界　捧着东方土

我们说　对人类　托出中国心

那一天　不是一个梦

那是我们　我们的一片蓝天

我们说　对山川　昂首你和我

我们说　对大海　踏着日和月

那一刻　不是一个梦

那是我们　我们的一个传说

我们说　对中华　擦干血和泪

我们说　对大地　掠过艰和险

那一天　不是一个梦

那是我们　我们的一腔热血

我们说　对昨天　记着苦和甜

我们说　对未来　拥有你和我

那一刻　不是一个梦

那是我们　我们的一个诺言

山那边的山

山这边的地

是我们的共有天地

啊，飞奔吧　辉煌的世纪

像那匹坚忍执著的千里马

带着一个永不悔的爱

让人类的梦想存在于你我之间

员工们：好！

总裁：先别着急，请听第二首《陪我走走》：

陪 我 走 走

每当梦想家园的时候

总想好好牵你的手

不同的乡音，一样的热血

好像仍然没有离家出走

每当忙碌人生的时候

总想有你陪我走走

不同的脚步，一样的路程

让世界知道我们很拥有 拥有

啊

你给世界讲一个东方的故事

你给我营造一个温馨的天空

你给世界讲一个东方的故事

你给我营造一个温馨的天空

啊，朋友

为什么手牵手

为了昨天说过的爱

让我们的心跳动

（掌声）

总裁：大家觉得那一首作为企业歌好？

员工：（争持不下）

总裁：请组成两派方阵阐述各自的理由，我们讨论一下。

员工：我代表《不是一个梦》派，简称《梦》派。

（笑声）

《梦》派员工：《梦》这首歌有气魄，有霸气，明亮高昂，刚劲有力，企业精神、企业文化、凝聚力，企业对国家、对世界、对消费者的承诺都体现出来了，博大的胸怀，海枯石烂，千里马一往无前，必将成为世界经济的排头兵，所以，我们觉得作为企业歌《不是一个梦》恰如其分、当之无愧。

总裁： 好，刚才《梦》派的发言了，下面由《陪》派辩论，（笑）我就把你们定《陪》派吧！

《陪》派员工： 《陪》歌中"你给世界讲一个东方的故事"已包含了《梦》歌中所有的刚劲；而"你给我营造一个温馨的天空"却把"爱"进一步渗透到人性和生活的细节，更加贴切、真实，而且升华。

《陪》歌这种将企业的内在与人性化相结合的手法，正说明她的思想性和艺术性达到了相当的境界，从而让千里马人自然而然地形成一种"我——千里马——人类"的互动性，这正符合张总人性化管理的个性，所以，如果说《不是一个梦》体现的是一种企业的"刚劲"、"向上"的精神而作为企业歌恰如其分、当之无愧，那么，《陪我走走》恰恰是从另一个层面表达了千里马个性的另一面——"以柔克刚"的效果，这样，《陪我走走》作为企业歌更加恰如其分、当之无愧！这也正是张总裁"CC"理论学说的具体体现！

（掌声）

总裁： 好！"总裁答辩日"成了"员工答辩日"了，这正是我的初衷。我们就是要营造一个员工相互争鸣的"温馨的家园"，我们不仅仅讨论、研究经济、政治、文化，更重要的是要讨论人生、命运。

"总裁答辩日"这个世界上独一无二的企业内部平台就是我们"温馨的家园"。

由于两派争持不下，下面我宣布：现场举手表决！同意用《不是一个梦》作为千里马企业歌的请举手。

（统计中）

员工（办公室主任）：数好了，好，同意用《陪我走走》作为千里马企业歌的请举手。

员工（办公室主任）：好，报告**总裁：**最终表决结果：《陪我走走》多三票，夺得千里马企业歌冠军……

总裁：慢点慢点，慢点宣布……

员工：既然是公开投票张总要认账！

总裁：我不是这个意思……

员工：能谈下创意吗？

总裁：创意不是一下能谈清楚的，我觉得文学艺术是为他人而为的，究竟如何？应由他人去评判，正如刚才《梦》派和《陪》派的辩论一样，其实你们都有道理。

但有一点可以提醒大家：这首歌多少表露了一点点"背井离乡"、"弃家兴国"的色彩（笑），不是吗？改革开放让我们打破了城市、地域、人与人之间的墨守成规，我们不再是百年邻居、十年同窗、一夜同梦之人。

员工：总裁到底同意了大家刚才表决的意见吗？

总裁：既然是大家举手表决通过的，我就没话说，通过！

现在，我正式向全世界宣布：千里马企业歌是：《陪我走走》！

员工：张总，您写了一首好情歌叫《布依女》，也上了中央电视台春节晚会，其中有一句话说："爱情是我的等待换回来"。请问，您还在等吗？打算还等多久？等个什么样的？

（众大笑）

总裁（笑）：她来找我的时候我就等到了，等到了的时候就知道是什么样子了。

员工：你在另一首爱情悲剧歌里（电视连续剧剧《寡情蒋介石与陈洁如》主题歌《雨中情》）曾经写道："那个夜，那个黑色的夜；那个星，那个黑色的星；那阵雨，那阵黑色的雨"，您能写出这么好的词，一定有亲身的体验，请问，那个夜到底发生了什么呢？请回答！

（众又大笑）

总裁（诙谐地）：那天晚上因为天黑又下着雨，所以，我看到的所有东西全是黑的，包括"她"也是黑的，就发生了这些。

（众大笑）

总裁：其实，文学艺术也是一个企业必须具备的精神食粮，我们只有具备这个食粮，企业才富有生气，才具有创造力，才具有光明的前景。

大家已经很清楚企业文化的内涵是什么了，但大家一定要真正去运用、去发挥，当然企业文化不仅仅是一支歌、一首诗，企业文化需要企业家和员工的风骨，什么风骨？顽强的、坚忍不拔的、富有牺牲精神的风骨；刚毅的、持之以恒的、富有战斗力的风骨！

具备了这些，企业才真正是一首歌，一首诗！一首家喻户晓的歌，一首源远流长的诗！

员工：我是新来的员工，刚才听说的这两首歌好像挺有意思的，张总能不能给我们讲讲。

总裁：时间有限，看一首吧，请看屏幕：

布 依 女

——布依族民歌（西南贵州地区）

一山竹子砍一根，

一弯河水造一人。

一人拴住你的心，

你的心上人是布依女人。

拴住你阿哥的心好难

拴住了为何又要去松开

松开是让你去扛大山

拴住是让你能早归来

拴住了大山和小河的心
幸福走到布依女的心中来

大山是你的肩膀造出来
河流是我的眼泪流出来
日子是妈妈的嘱托教出来
爱情是我的等待换回来
大山天天挑着河水转
幸福走到布依人的心中来

一山竹子砍一根，
一弯河水造一人。
一人拴住你的心，
你的心上人是布依女人。

第 **28** 辩

老板永远不要说："再说吧"

2003 年 10 月 28 日

主持人钟阳： 大家安静，我们的"总裁答辩日"这些年来辩论得越来越激烈，会上提出了许多尖锐而新颖的问题，除企业管理方面的问题外，最重要的是如何做人的问题。我们希望大家一如既往，齐心协力向张总裁发出更加猛烈的进攻！现在请张总上台展开我们新一轮的"总裁答辩日"，欢迎！

（掌声中张总上台）

员工： 总裁，我们有时感觉您是一位孤独的英雄（笑声），一个人面对着整个世界的挑战，甚至一位红颜知己也没有（笑声），您是否偶尔感觉情感世界一片荒漠？（笑声）不希望出现一片绿洲吗？（笑声）

总裁： 当然有时候我也孤独，多半在夜半三更的时候，一个人一直睡在这么一栋大楼，寂夜常常突然袭来一阵"妖"气，我猛然一个寒战，确实不寒而栗，此刻猛然感觉心脏和大脑一片苍白，真是孤独、寂寞独上"西楼"哇！此刻，谁不希望出现一片绿洲呢？谁不想立马出现一位红颜知己呢？我甚至幻想像电影神话小说里那样，突然有一位仙女下凡飘到我的床前啊？可是就连鬼也不理解我……

（掌声并大笑）

总裁：在此我顺便给大家解个密：小时候大家都信鬼神，甚至有人信了一辈子。到底有谁见过鬼神？据说只有在黑夜才有可能见到，但谁能天天晚上不睡觉而守着看鬼神呢？我！宇宙夜深人静的夜晚我几乎每天很晚还没睡觉，但我守了十几年都没见过一个鬼一个神，现在告诉大家答案：世上根本没有鬼神！所以不要怕鬼，倒是要防备人，可怕的是人！

（掌声）

员工：你的演说很精彩，但其实我们感觉到的还是你在对你的孤独自圆其说，其实英雄不都是孤独的吗？

总裁：那我就认命了。

员工：请问总裁，俗话说"成家立业"、"三十而立"、"男大当婚，女大当嫁"，你至今不成家，是否认为这二者之间有矛盾之处，不利将来的更大发展？

总裁：可能是忙起来给忘记了。

员工：你这是狡辩。

总裁：但你不能完全否认。

员工：请问张总，千里马集团为什么不叫伯乐或者其他的名字呢？

总裁：能叫伯乐嘛？那岂不是天下一匹马都没有，人家都骂我了，你自称为老师，哪还有学生呢？谦虚一点，我是学生，我是千里马，你是伯乐，不更好嘛？

员工：你在招聘某人时有一道笔试命题——"椅子、树"，树是立着，椅子是坐着的，但有一点我还不知道：树大招风，而椅子倒是四平八稳。如果必须让您选择，您是愿意从树上掉下来呢，还是从椅子上摔下来？

总裁：我曾给一个应聘秘书的员工命了一道题，叫"椅子、树"，实际上我的意思是立如松，坐如钟，做人站要站得直（树），坐要坐得稳（椅），要从这个方面来找立意。树还有一层意思，十年树木，百年树人，我们连锁店是"百年树店，十年树人"，倒过来了，当然这个可能你不了解。椅子是给予享受的，树是给人站岗的，如果你想到了这一点，我认为你的人生观，你的哲理一定是非常非常的深邃，给人非常深邃的感染力。这个命题是我临时想的，所有的命题都是我跟应聘者交谈以后，根据他给我的第一印象，现场出的，事先没有什么准备。

你问我是"愿意从树上掉下来呢，还是从椅子上摔下来"，这个问题说得有点模糊，必须让我选择？非要选择不可吗？

员工：是。

总裁：首先，人坐在椅子上，不会掉下来，除非他没有知觉了。我坐在椅子上摔下来的时候，一定是我老态龙钟的时候，坐都坐不稳了，才倒下来，只有这样倒下来。从树上掉下来是有可能的，可能你爬得越高，摔得越重，因为那个树你爬到尖上去的时候，那个树枝已经是很弱很弱支撑不住了，已经吊不住你了，你还要往上爬，不掉下来才怪呢！但如果说非要我选择从哪个地方掉下来，你估计我会选择哪一个？

员工：（有人回答选择树）

总裁：为什么选择树？如果你要我选择从树上掉下来，那只能这样选择了，你非要我选择，但我并不愿意这样做，那我就告诉你，如果要怎么样掉下来，那就顺着这根杆子爬，掉下来的时候，那棵树是软的，又把我弹起来，老这样一上一下地闪，我不让它断就完了？！

员工：好，接下来还有话问：您选择终身伴侣是要一棵树呢，还是需要一把椅子呢？

总裁：啊？原来你又在设这方面的圈套，又绕到这个问题上来了。我刚才说了抱着那棵树一闪一闪的，如果我选择树，你们就会说我爱情一闪一闪的不专一？其实那应该理解为爱情的酸甜苦辣，事业的坎坎坷坷。那我就选择椅子好了，准确地讲，我事业选择树，爱情选择椅。对吗？

员工：本来与我要的答案不符，可张总太能自圆其说，而且此番话也道出了一些新的哲理，我服。

总裁：其实我知道你要什么答案。

员工：什么答案？

总裁：我可以把我的这道命题再引申一步：椅子代表江山，树代表女人，可是，所有应聘者的答卷中都没想到这个问题。如果你一定要我选择，我当然选择"椅"和"树"都要！如果你只能让我选择其一，我当然选择"树"，因为有了"树"就不愁没"椅"！

椅子旁边有棵树，也就是说：江山有美女陪伴，何乐而不为？

椅子旁边有棵树，也就是说：女人辅助英雄成就事业打江山，男人岂能无红颜知己相伴？

员工：比较精彩。

员工（女）：我反对！

总裁：请说。

员工（女）：张总的此番演说其实一直在混淆"树"和"椅"的关系，一会儿要"树"，一会儿要"椅"，一会儿都要，其实是在敷衍内心的矛盾，如果你再这样含糊下去，我可以断定你最终……

总裁：最终是什么？

员工（女）：你最终什么都得不到！

（众惊讶，一片寂静）

总裁：能得到！

员工（女）：怎么能得到？！

总裁：首先，椅，木也；木，树也。为了这把"椅"，只好牺牲"树"，把"树"砍了做成这把椅。

员工：这说明你在"树"和"椅"的问题上还是选择了"椅"？！

总裁：在不能两全其美的情况下，这是唯一的选择。

员工（女）：当今的女性不应该是附属品和陪葬品。

总裁：可我们现在讨论的话题是以男性为中心的。再说，A＝B，B＝C，则A＝C；也就是说：树＝木，木＝椅，则树＝椅！这是自然哲学。

员工（女）：按照张总裁的逻辑，下面这个公式是不是也成立呢？

总裁：什么公式？

员工（女）：女人＝英雄，英雄＝江山，则女人＝江山？

（众一片喝彩掌声）

总裁：男女之间的感情是微妙的，自古以来就是说不清楚的。

如果说"树＝木，木＝椅，则树＝椅"是自然哲学，那么"女人＝英雄，英雄＝江山，则女人＝江山"就是人文哲学，而人文哲学是永远也没有结论的！

员工：我曾经和一些老板打过交道，其中有些很有魄力或办事果断，也有一些优柔寡断，还有一些大智若愚，但多数人在遇事决策时总爱跟对方说"再说吧"，你觉得这算善于辞令吗？

总裁：这要分析语言环境，如果你是有求于对方，而对方说出"再说吧"这句话后，你根本用不着再花时间去与他周旋，那只会自作多情白费时间，他这话的意思百分之百是拒绝你了，只不过是说得婉转一点而已。

但如果老板在决策公司大业的问题上也说"再说吧"，那就不一样了，"再说吧"？再说是什么时候？老板忘了怎么办？等你想起来的时候企业已经垮了！

那到底什么时候"再说"呢？明天还是明年？明日复明日，明日何其多，今生待明日，万事成蹉跎！要知道，员工对老板通常都有一种畏惧感，加上一件事向老板询问两次以上，多数时候是要挨骂的，即使不挨骂老板也容易暴露出烦的表情，明智的员工干部通常的处理方法是不再过问或提醒，等老板"再说"的时候再说（当然，我们不欢迎这种员工），这样，人浮于事甚至欺上瞒下的现象就在企业滋长了，其实，很多企业垮台就垮在这类小事上，而老板是主要责任人。

所以，老板"断案"要及时，决策要果断，行就是行，不行就立刻告诉他，一刻也不要耽搁。除非你是另类公关婉转语言，否则，在公司内部：

老板永远也不要说"再说吧"。

员工：其实我们知道，张总也确实为了中国的民营经济想创造出一种模式，或是做强做大而牺牲了自己不少东西，我们也理解你可能在择偶的问题上有可能确实是"忘记了"，但你也要承认你肯定很挑剔。现在我们也不跟你绕圈子，请你当着全体员工的面表态，到底什么时候找个人成家？

总裁：再说吧。

员工：你刚才不是说"老板永远也不能说'再说吧'这个词吗"？

（下面一片掌声）

总裁：……这个问题可以，那……明年再说吧！

（掌声）

员工：毛泽东、邓小平、江泽民，你最欣赏哪一位？为什么？

总裁：毛泽东打下了江山；邓小平改造了江山；江泽民发展了江山。各有千秋，不能说专门欣赏哪一位，他们都有我欣赏的一面。但就千里马的现阶段当然要选择毛泽东，因为我们还处于打江山的阶段。

第 **29** 辩

永远掌握
员工的弱点

2003 年 12 月 28 日

　　总裁：今天，2003 年 12 月 28 日，是我们伟大的千里马"总裁答辩日"十周年纪念日！

　　2003 年 12 月 28 日是我们千里马第一个产品"圣安垫"上市 10 周年纪念日！

　　所以，今天的"总裁答辩日"具有非凡的意义，希望我们今天的辩论更加创新、更加激烈！

　　员工（千里马艺术团汪曼丽）：曾经有公司外的一位与我非常好的朋友告诉我，说他们在请教你管理公司最重要的经验时您说，"作为老板一是要抓住员工的弱点，二是永远不要让员工抓住你的弱点"，据说这句话成了公司"传诵"的经典，请问您的弱点是什么？为什么怕给人抓住？

　　总裁（笑）：如果我们的生活幽默些，我们的事业就会更灿烂些。

如果说这句话是经典，那就要这样来理解：如果你要当老板，就尽量地不要有弱点，尽量完美。

所以，我在这 30 多年的阅历中尽量不做错事、坏事。因为我的弱点少，员工怎么来抓我的弱点？不是说我没弱点，只是你们没发现。因为我在人前的时候把我的弱点全部隐藏起来了，而当我暴露弱点的时候，旁边又没人。

比如，我半夜三更坐在办公室里发牢骚，丢瓶子，你知道吗？为什么？你们不知道我生活的另一面！老板要严于律己，要尽量成为一个完美主义追求者，所以，我害怕有弱点，更害怕暴露弱点，所以才说：

作为老板一是要掌握员工的弱点，二是永远不要让员工抓住你的弱点。

这句话是有语言环境的。

员工（佘纪兴）：张总刚才说，你当老板有一个秘诀："一是要善于发现员工的弱点，二是要尽量不被员工抓住自己的弱点"。我觉得这是中国近千年来一种孔子'上智下愚'的封建观点的体现。因为我认为这种管理是一种艺术，而不是权术，因为管理不是隐瞒什么的弱点，因为仅仅只是发现下属的弱点，这样会磨灭下属的创造性。

我记得有这么一个故事。中国古代有一个皇帝和他的皇妃在给下属敬酒的时候，一个武士就调戏了皇妃，皇妃就把那个武士的头盔给打掉了。皇帝这个时候就说熄灯，所有人都摘下头盔。下属们都脱下了头盔，接着再亮灯，所有人都不知道是什么原因，只有那个人知道。今后他在战争中非常勇猛。所以我说您以后要在工作中多发现下属的弱点，多给他展示长处的机会。

现在的领导学中说，领导要善于用人，善于发现人，善于发现下属的弱点，并帮助他们去解决自己的弱点；多发现他们的优点，去激励他们，使他们做得更好。领导要对自己的弱点毫不保留的给别人看，比如克林顿总统他在全世界人民的面前承认自己的弱点，也得到了他们的原谅。如果他不这么做，我想他现在很可能就被谋害了吧。

同时，下属也应多发现老板的弱点，老板则应以自己的人格魅力来影响别人的弱点，而不是隐蔽自己的弱点。如维纳斯不正是因为自己的残缺美才给人留下深刻的印象吧？又如斯大林、毛泽东、林肯都是三七开，我想您就四六开大家就都很满意了！

（掌声）

总裁：说得很好，你把老板想讲的话基本上讲出来了，你很像一个老板。

"永远掌握员工的弱点"，这是我说的原话，你们刚才所说的是"永远抓住员工的弱点"，是记错了。

我是一种什么样的人其实大家都清楚，这就说明大家已经掌握了我的弱点。

我在了解一个人的时候和大家的思维相反，不是先了解他们的优点，而是先去了解他们的弱点，我要看这个人有什么样的弱点，看这个弱点对公司有什么不利之处，对自己有什么不利的影响，然后我就想办法如何纠正这个人。

我在这些人身上就试过，他们身上的优点就不说了，就是因为他具备这些优点你才会用他，所以下一步你需要掌握他的弱处，对公司我也是这样。我说出自己的这个观点很难有人有同感，达到一样的意境，希望大家展开深一步的理解，我告诉大家一个做人、做事的原则：首先应想到这件事的最坏的方面，作最坏的打算，好处不用想，你知道有好处才会去做。现在前面坐的是将才，起码是各省总经理，你们的优、缺点我可以说出90%，其中有些人对我有些意见，甚至有老干部都对我撒娇。

有时候你的脑子要习惯反向思维，逆向思维，大胆尝试。

好，若不服气，接着往下辩。

员工：千里马需不需要老黄牛？

总裁：老黄牛怎么解释？就是踏踏实实做事。今年我们要做一套日历卡，上面有一张牛气冲天的照片。千里马当然需要老黄牛，我觉得我就是老黄牛。但是，不能有太多的老黄牛。什么样的职位就需要什么样的人才。目前我们需要更多的是马。如果作为一个国营机构，是需要更多的老黄牛为人民服务。作为一个私营企业来讲，老黄牛不要多，有一条就够。

员工：请讲讲千里马公司得名的原由？

总裁：我请哪位"长老"讲讲。

一老员工：千里马的每一位员工都是千里马，张总就是伯乐，而员工如果能认可千里马，那他就是伯乐。

（长久掌声，张总开心地大笑）

总裁：经典！

员工（佘纪兴）：我觉得您所说的不对。古时候有一个故事说的是有一个人丢了一把斧头，他非常怀疑是邻家的一位小孩偷的，结果在自家的床底下找着了。我的意思是：如果一个人首先抓住另一个人的弱点，是否会在一定程度上抹杀他的部分优点呢？

总裁：如果我要这个员工去交一个朋友，可我没有了解到他

并不喜欢这个人，如果万一他用斧头去砍死这个人，那可怎么办？所以，首先应该掌握他的一个弱点。

员工：如果发现一个人有缺点，就应该通过大家去解决这个缺点。

总裁：我说的优点是不容置疑的。在一定的特定环境下再去发现他的弱点。

员工：张总，在你制定的企业内部"法律"《千里马管理法》里，你规定上班时间除周末外一律不准穿牛仔裤、运动鞋等，请问：您喜欢女孩穿什么衣服？是裙子、牛仔裤、还是短裤？您喜欢女孩留什么头发？是长发、短发、还是浅发？

总裁：我喜欢女孩穿裙子，留长辫子。

员工：如果您选择裙子，留长辫子，那么您就是一个典型的中国传统的辫子男了。

总裁：……又上你的圈套了。

（掌声）

员工（总裁办主任段吟）：您开场时已经说了今天没有禁忌嘛！（开玩笑）您说您是一个追求完美的人，是一个充满浪漫情怀的人，我想大多数人都会有所感受。你在感情方面追求的是一种尽善尽美的境界，却一直没达到。那么我想，在经营活动中你的这种缺陷必定给企业正、负带来很大差异。我们都看到了您给我们公司策划的未来，我本人是不赞成这种投入的。对于一个企业来说，可能超过了一个企业所能够承担的负担。

总裁：这应该算是一个建议。看来他还是琢磨了一下他的老板的，采纳。

员工（重庆总经理林海）：我首先声明一点，针对"永远掌握员工的弱点、不要被员工抓住老板的弱点"——我只是就此展开讨论。

从命题本身来说，并不准确。

从内涵来说，员工和老板只是在一个特定环境下的不同的组成成分，只是分工的不同，但在人格、情感的问题上都是一样的。假如说，要使"永远掌握员工的弱点"这一说法成立，那么我想这一说法"员工同时掌握老板的弱点"也应成立。因为"掌握员工的弱点"其出发点是为了解员工的成长不足，让他为公司进一步的发展做出贡献。反之亦然，员工也有义务和责任提醒老板的弱点，让其自身的弱点表现出来，使大家能融合起来，更加具有凝聚力、战斗力。使我们的事业更加有前途。

总裁：这个观点肯定是对的。只是如我以前说过还有一种特定的环境所在。林海说了他并不是针对是谁说了这句话，我所谈的是一个思维方向的问题，并不是对一个问题的判断和定义。

员工（山西省总刘文平）：我想提一个问题。做人又会做事，这是我们大家所追求的，但在现实中很难达到。要么只会做事，要么只会做人。请问张总对于"鱼和熊掌不能兼得"的情况在用人方面您主要关注哪个方面，为什么？

总裁：我用人才既不拘一格，也不屈一格。

员工：我们都知道您对文学艺术有着很深的了解，特别是东西方文化的差异。以下是我对东西方文化做的分析：说日本文化是一种围棋文化，讲究团体作战；美国文化是一种桥牌文化，讲究的是一种小集团的配合；中国文化是一种麻将文化，讲究的是一种，我干不成，你也甭想干成。不知您是否赞成以上这个观点，您自己又是如何看的？

总裁：我懂你的意思，由于文化的差异导致了理解的不同和行为的反差。中国人虽然勤奋、聪明能干，但勾心斗角互不买账的毛病还稍许存在，但我们也应该看到，从"三打一"到"斗地主"，中国人早已进入了团队状态。总之，麻将文化将不可以再"麻"下去了。

员工（网络公司张晶）： 您如何评价千里马的员工？

总裁： 素质高，但按我的要求还差很远。

员工（网络公司张晶）： 那您的具体要求是何？

总裁： 和我一样。

员工（网络公司张晶）： 我们的拳头在哪里。

总裁： 在人格品牌上。

员工（刘勇）： 您一直追求完美，那么，请问千里马完美吗？

总裁： 一直在追求完美。

员工（刘勇）： 您说自己是最好的打工仔，那您对打工仔了解多少？

总裁： 我对自己了解90％，对员工了解10％。

员工（刘勇）： 那你不是个好老板！如果是，您应该最清楚你的优点和弱点。

总裁： 优点是我成了一个打工仔，弱点是你还没成一个老板。

员工（女，人事部）： 您眼前的将才清一色为男性，难道您不喜欢女人吗？难道千里马集团就没有女能人吗？你大男子主义、重男轻女思想严重吗？

总裁： 你不就是人事部的女干部吗？

第 *30* 辩

只有先解放自己，
才能最后解放别人

2004 年 3 月 28 日

员工：张总有一个超人的脑子，请问：电脑与人脑之间的关系是怎样的，是电脑服从于人脑，还是人脑服从于电脑？你的脑子又受什么支配？

总裁：电脑是人制造的，从这个意义上讲是人支配电脑。

电脑是帮助人实现理想的一种手段，是一个媒介，人的很多功能、想法通过电脑来实现，电脑延长人的时间和空间，延长人的寿命。你掌握了电脑，你的视野会开阔许多。也可以这样讲：电脑是少数聪明者集中多数人的智慧并加以推广和控制的一种工具。

从这个意义上讲，如果大家不觉得我"狡黠"——关于我的脑子受什么支配的问题，我可以这样回答你：我的脑子受"电脑"支配。

员工：如何讲？

总裁：刚才不是说了吗？电脑集中了人类最优秀的智慧呀！其实我要说明的是：经验、阅历组合为智慧，从而指挥脑子。

员工：私企的发展是比较艰难的，大多数老板在办事中都会遇到机关的障碍，大多数机关见私企就敲，许多私企老板和国企干部也因此行贿受贿被打入地狱，在这方面你是怎么做的呢？

总裁：私营企业在法律概念上与国企没什么区别，行贿受贿罪量同等，我在这方面省了很多麻烦。这就是守法的优势！

员工：许多私企老板创业不易，他们经历了一般人无法承受的痛苦，经受了许多政治的、利益的、美女的诱惑，但往往很多老板在赚了钱后还是经不起女人的色诱而垮掉，在这方面你是怎么做的呢？

总裁：这个问题讨论了那么多，难道你还不清楚吗？因为我没有，所以，在这方面我做得很好！

员工：请问张总，千里马公司刚成立不久，你就频繁地出入美国，不仅把产品很早就打入美国，而且还在美国等国注册公司，你是想做希特勒呢？还是想做中国最大的跨国公司老板？

总裁：我要造一个中国民营企业的模板！要造这个模板就离不开学习和借鉴国外的先进经验，而美国的经验应是首选，所以，开拓美国市场是必要的。

中国私营企业是从坎坷中艰辛走来，借境美国发展民营经济是为了让这种艰辛减少，是为了少走弯路。

所谓一叶落地而知天下秋，新一代的中国私营老板不远千里进入美国，不仅需要很多商机，还得参透资本主义国家的"实践论"，反思中国民营经济理论的运行，希望借鉴美国经验，为中国民营经济的发展摸索出一条"健康"之路。

员工：许多人在民营企业的路途上栽了跟头，难道你不怕吗？

总裁：在目前中国这种环境下搞私营企业栽跟头是免不了的，但我不怕，我也有充分的"栽跟头"的准备。

员工：到底什么是民营企业？你是何种理论？

总裁：国营以外的企业统称为民营企业，而民营企业或将成为未来的主导企业。国家在推行民营企业政策上的步子迈得如何？诸如此类的一连串问题，举世关切。

目前，民营企业家还缺少足够的声音。中国对民营企业的研究还停留在"尾随"的初级阶段，很少提出前瞻性的理论。

然而，民营企业发展的现状"迫使"中国民营企业精英开始从理论的角度，独立思考民营企业发展的前景。

我们在中国历经创业的艰难，去美国寻找、借鉴理论的催化剂，这样会加速赶上超级大国的水平。

缩短企业成功的时间就是延长企业财富的寿命。

当然，中国民营企业家真正的大舞台在中国，那是我们的根。在中国，有我们倾注的心血、有我们多年经营的优势。如果离开这一切，我去美国只是个经济流亡者，或是单纯的移民，我将不再是中国的企业家。

不论是进军美国或世界，对中国的企业家而言，中国是一条永远割不断的脐带。

员工：可是，有多少人能理解你这个民营企业家的情怀？

总裁：不要对别人要求太多，自己的价值最终留给后人去评说。

毕竟，顺应历史的潮流，改革开放在中国出现，许多人纷纷下海经商。是什么原因促使中国人步入发展民营经济的行列，连职务不错、条件优越的干部也辞职加入民营企业？

员工：为什么会出现这种局面？

总裁：穷则思变！40多年来，大家过的日子太苦、太穷、太难。有了新政策，大家都迫切地希望赶快富起来。随着人们素质的提高，新一代的民营企业家又有新的理想：照自己的想法创事业，开创民营企业的新局面。

员工：依你的条件可能在美国开公司更容易发展吧？

总裁：企业家要有爱国胸怀，虽然外国人不得不承认中国人才不少，却都看不起中国企业。因为在国外任何人都有机会成为大老板，而在中国，一个有经营才能的人，却有可能无法经营自己的企业，正如一只羊在屋顶上嘲笑狼的故事。

显然，如果中国没有真正的民营经济，中国人民在世界上的地位无法提高，成为受尊敬的世界强国将是一句空话。我想为中国人争一口气，这也是我咬牙下海的初衷。

员工： 凭你的人际关系，不难找个国营单位合作，在保护伞下安心经商，既赚得多又轻松安全，很多人也是利用这种手法挖共产党的墙角，化公为私，你为什么不这样做呢？

总裁： 你说的这种情况确实存在，我暂不去评说这种现象。而我们要的不仅仅是钱，我们要做真正自主的企业，要为中国的民营企业摸索一条通道。

员工： 但凡是依附国有保护伞的都减少了来自各方面的干扰哇！

总裁： 从历史的角度看，"挂靠"在某国营单位下的民营企业，只是过渡形式。在私营经济萌芽之际，民营企业家不得不利用国营招牌发展。当民营经济发展到一定阶段，势必跳出这种框架的束缚，走自己的路。而且，这种"挂靠"的民营企业不但自身无法壮大，有时还利用势力损害和阻止自主民营企业的发展。他们这种做法只是享图了一个短暂的利益，捞一把钱过个好一点的日子而已，但是长久不了。

员工： 现在社会上流行一句话，说民营企业老板是：80年代靠"胆子"，90年代靠"关系"，2000年代靠"脑子"，现在靠"牌子"，你同意这个观点吗？

总裁： 任何观点都是现象的总结。

员工： 从民营企业起步的几种形态来看，由于历年来政治运动对民营经济的打击，新一代民营老板创业时，都没有什么资本且处处小心谨慎。他们是"春风吹又生"的野生植物，有的靠摆摊起家，有的做贸易致富，有的碰到股市、期货等机遇而暴发，有的从外资企业中学得经验、取得经营渠道。而你认为民营企业应该如何起步呢？

总裁：我认为，民营企业应在创办时先行规划，按部就班发展。民营企业的创办和发展应遵循一定规律，便于更多的民营企业创设。中国的民营经济发展要靠大批有素质的民营企业家催生。千里马集团就是这样一步一步走过来的。

国营企业和民营企业是市场经济活跃的两极，民营企业要发展到能与国营企业竞争，一大批有素质的民营企业家和高品质的民营企业文化是重点之一。也就是说，民营企业家要在自身和企业的形象上下功夫，真正对国家和人民有用，才会被接纳，才可能发展起来。千里马民营企业员工的各种观点在"总裁答辩日"暴露无遗，员工也可以从多种角度了解老板和公司。而最重要的是人与人之间的鸿沟如何拉近，"总裁答辩日"是全世界企业老板与员工最好的沟通方式！我们有句话，大家应该有深刻的理解：

让人类的梦想存在于你我之间！

员工：这是张总提出的格言，这句话表现出张总太仁慈、太理想化，是不是改成"让人类的钱包存在于你我的腰包之间"？

（现场大笑）

总裁：你是想要你的钱和老板的钱一样多，平分秋色呀？

"让人类的梦想存在于你我之间"体现着企业文化对员工的人格要求。我理解，饱受贫穷的中国人需要尽快富起来，但在一切向钱看的经济热潮中，人格不能受到扭曲，请大家切记！

我们一定要建立一种优良的民营企业文化！

钱是重要的，可是光有钱是不够的！

要创造金子，首先要把自己的心铸成金子！

民营企业不能只顾自己，民企应是整个社会财富的一部分。企业应积极参与各项公益活动。而且员工格调高，企业文化素质才会高。

由于中国曾经是一只大饭锅，面对吃惯了大锅饭的中国员工，千里马公司的门口张贴了一幅标语"付出未必成功，成功必有付出"！

员工付出再多，若无成果，同样得不到报酬。我强烈推行"多劳多得"的观念，目的是提升员工的积极性和创造力，这也是员工人格和企业文化的重点。只有这样企业才有效率和效益。

我们千里马集团对于企业和员工的要求归纳成八个字：诚实、和谐、努力、超前。

打工仔的原则是对上司诚实，公司要对消费者诚实；

和谐是企业成功和形象良好的基本条件；

不努力就难成功；

脚踏实地的超前思维有助于公司走在行业发展的前端。

我们的企业文化另一个重要任务是培养一批民营企业的老板。只有造就一大批有素质的民营企业家，中国的民营经济才能发展。靠一两个人，把民营企业办得再好也无法打开局面。

从千里马集团走出的每一批员工，很多人都自己开公司、当老板，或在其他大公司的要害岗位上，我们视之为社会输送民营经济人才。   **伍健（山东省总）：**我提个问题，我在进入千里马之前是一名下岗职工，那么张总裁在您的第一个五年计划当中，您打算安排多少下岗职工进入千里马公司来为千里马的事业而共同奋斗？谢谢！

下岗职工培训会现场

张鸿毓插队落户农村时在田里的照片

总裁：私营企业最忌讳乱招员工，千万不要因为要帮国家排忧解难安排下岗职工而把自己搞砸了，你自己砸了，你谁都安排不成了。

这个问题是国家最关心的问题，只能说我们在接纳人员的时候如果你是下岗职工，你有这个能力，我们优先考虑你。1996年我们安排了1000名下岗职工（见《长江日报》），这一次我们被评为安排下岗职工的优秀企业。其实，在座的哪位是下岗职工我根本不关心，招聘的方向是因企业的需求而定。

企业家除了具有极高的管理才能外还要有极高的品格。他不仅仅要关爱员工，还要关爱全社会。而且，这种品格不光是从企业内部体现出来，外部也一样。在力所能及的范围内，我们仍然要高风亮节，济贫扶弱。比如：

1993 年，湖北省云梦县农村姑娘尹秀萍患上骨髓炎无钱治病，医院宣告不能婚育，只有 6 个月生命期。我插过队，当过知青，做了一年零七个月的农民，我知道农民断了炊烟后果是什么。于是，我以公司名义出资将其治愈了，至今 10 多年，已成家立业，并有了子女。

1998 年，中国遭受特大洪灾，我们积极捐献，参与抗洪救灾。

十几年来，我们参与社会各项捐献、救灾、赞助不计其数。

尤其值得一提的是大家熟悉的江城"民间记者"刘汉民先生因车祸去世一事，此人一生光明磊落，却两袖清风。

在他笔下涌现出许多劳动英雄，也鞭挞了不少阴暗人、事，他在新闻界有口皆碑。他去世时，朋友们举荐我为他张罗丧事并主持追悼会。1998 年，我们公司以董事会名义出文，提供他的遗女的抚养费至 18 岁，这要至 2004 年才结束，而且，为了悼念这位英年早逝之士，我因他的爱女有感而发，写了一首歌：《爸爸，快让我长大》。

在这支歌里，我没有去描述生者对死者的怀念，因为我不想让幼小的心灵沉入悲哀之中，反而只写激发孩童对祖国未来的憧憬：

爸爸，快让我长大

哪一天　我和你一样高
从你的肩膀上走下来
啊　爸爸

哪一天　我有你一样的热情
走进繁忙的工厂
啊　爸爸

虽然我不知道
不知道外面的世界有多大
我也盼望　盼望快快长大
我不管道路有多长
我不管人缘有多少
我只要有一份和你一样的工作
为祖国圆一个梦想

啊　爸爸
快快让我长大
让我成为家中的大梁
啊　爸爸

快快让我长大

让我走进火热的生活　和你一样

（热烈的掌声）

员工：我们都知道张总性格倔强但心慈手软是个大慈善家，你"救死扶伤"、"抗洪捐款"、解决国企下岗职工，赞助捐献不计其数，确实是个忧国忧民之人，请问你这种行为是自愿的还是被迫的？

（一阵喧笑）

总裁：……法律上认为：只要是实现了的都应视为"自愿"。

张鸿毓在湖北省委、省政府主持的"湖北省十强民营企业"新闻发布会上

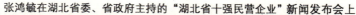

员工：那你是否会一直这样"自愿"下去？

（总裁哑言，有员工催他回答）

总裁：但你也要评判仔细，不是做了好事就一定都有好报的，有时候，一片好心却导致了一个恶果，这不就是好心办了坏事吗？要有一个原则。

总裁诙谐地笑：共产主义者说只有解放全人类，才能最后解放自己，我告诉你们，私营企业——

老板只有先解放自己才能最后解放别人！

如果我兜里没有，拿什么去拯救别人呢？

第 31 辩
人生就是抗争

2004 年 10 月 28 日

员工：总裁，一般来说，总经理管现在，总裁设计未来。您对千里马集团的未来有什么样的规划和设计？您有具体的打算吗？

总裁：我们千里马的过去、现在、未来全在这个墙上，非常的清楚（指墙上的企业历史及未来的巨画图）。

员工（营销公司总经理吴庆洲）：总裁，我看到"千里马科技园"里有一个大的释迦牟尼像，那么您是否信佛？如果您是信佛的你是否信奉"四大皆空"？

总裁：我从出生到现在没有研究过释迦牟尼，也没有去研究耶稣基督，什么天主教、佛教，包括李洪志的法轮功我都没有研究过，没有时间去研究。这个佛像是因为科技园需要。宗教作为一种文化传承于世，个人嗜好要适应大众的需要。

员工（企划部汤国佳）：我还是要继续刚才的问题，如果说

总裁：科技产业和文化产业在我们的科技园里面是两个内容。文化要集中于地球上人类的文化，我们把它划了区域。如果说我们这个文化园里面有一尊佛像我们就成了一个宗教企业，那么中国有那么多的大佛，中国岂不是成了一个宗教国家了吗？这只是一个方面的文化，展现的是一个文化侧面。

员工：一个真正意义上的"人"要在社会上立足，究竟靠什么？

总裁：在这个社会上，每个人都得找一个能够活下去的位置，要在拥挤的人群中拼命地去挤一块属于自己的地方，但有那么好挤吗？没有！如何挤？抗争！

我相信每一个公司都有他的发展前景，跟我们的想法都大致雷同，每一个公司对前景水平的规划都是经过了反复考虑的，经过深思熟虑的，每一个公司都有希望是将来地球的主宰者。

我们公司所做的第一件事就是——"塑造人的价值"，在创业的前期已为将来打好了基础，因为在这个地球上，任何一个人做的任何一件事就是让这个人能活下去。

我懂得，我理解，我也深深地知道一个有才能的人被埋没时的痛苦；我也知道一个人在遇到挫折而他又希望纠正自己错误时的苦痛。但痛苦不能换来面包。

一个人面临死亡时他要干什么？求生！与命运抗争、向死亡挑战。如果在处理任何一件事情时，你永远充满斗志和激情，你浑身上下才富有"人"的含义，你才知道：这才是真正的"人生"！

抗争就是人生！

说到这里，我给大家读一篇昨天晚上我写的文章，就算是我这个董事长的工作报告吧：

总裁自白书

抗争，人类进化的每一个坎！

抗争，世纪裂变的每一个梦！

如何跨越抗争之坎？如何去圆抗争之梦？不是我张总裁一人

所致，他需要全体千里马同仁的共同奋斗！不是为你，不是为我，是为了人类的共同存续！

（**总裁**：对不对？）

（掌声）

（**总裁**：掌声就代表对。）

（继续读）放弃个人的全部利益，我可继续，同仁们愿意吗？廉洁忘我，我可以继续，同仁们行吗？我多么希望你们响亮地回答"愿意"！"行"！而我真正需要的是同仁们的千里马执着的精神！

一切抱着侥幸心态跃跃欲试千里马，从而嫉世浮生，甚至阳奉阴违、假公济私、浑水摸鱼之徒，只是苟且偷生之辈！千里马需要的是博大的胸怀、超人的境界、高尚的品德，忧先天之忧，乐后人之乐，身先士卒、死而后已的将士！

（**总裁**：没掌声，念起来不带劲）

（掌声大起：听入迷了！）

（可能大家在认真听，忘了鼓掌是吧？）

（继续读）千里马继往开来的精神理念，无处不从风雨交加的日日夜夜的电闪雷鸣中放射出万道光芒，他一直成为我的、千里马员工的赖以存续的精神支柱！企业文化透露出的咄咄逼人的商家气质，不是用艺术能够装扮得起来的，他需要全身心的灌注，他需要生与死的较量，他需要毁灭性的随时随地牺牲的准备！

316

（掌声）

千里马的风雨历程中，同样有许许多多的员工牺牲了自己的许多，甚至是放弃了许多在别的商家能获得更多利益的机会，为什么？是为了一番更大的事业，是希望能得到别的地方得不到的东西——人生价值！

正因为这样，所以我才深感责任重大，深感压力过重，也正是这种责任和压力才促使我在面对任何方式的工作处理中，都毫无个人条件地一切首先献生、服从于千里马大业！千里马是我的全部，员工是我的全部，千里马也是员工的全部，这就是我对千里马全部的爱！

（掌声）

市场经营最终是思维的经营，
思维的经营最终是爱的经营。

千里马经营的是思维，思维的经营就是爱的经营！

（掌声）

虽然知足者常乐，但我永远都希望每个人都能满足。商海无情，杀机四起，为他人着想，就会生命永驻！

（掌声）

女士们、先生们，

朋友们、员工们：

我们同属于地球上的生命，我们同属于跨越两个世纪的有幸人，我们同属于 21 世纪辉煌顶点的奠基人，我和大家唯一不同的就是大家推举我成为承担千里马大家园的总管家。如果大家认为我是个合格的老板，我会继续努力做一个最杰出的打工仔！

只有先做好一个杰出的打工仔，才能最后做好一个杰出的老板。

读完了。

（长期掌声）

员工：总裁的《总裁自白书》让我激动，我送总裁一首即兴诗：

望苍天，仰地府，回首往事好累；办企业，困难多，勇往直前；

创世纪，做品牌，一心创业艰苦；盼知音，等缘分，请你圆梦。

（又一阵掌声，张总苦笑）

总裁：还可以，说明我们的"总裁答辩日"不仅仅是辩论，还培养和发掘了不少才子。刚才我说了，作为老板，要有个人牺牲的随时准备，但对于公司的员工来讲，我也希望大家好好努力，不说有个人牺牲的随时准备，至少要有个人贡献的随时准备哟，要不然，我的个人牺牲有什么意义呢？

（掌声）

第 *32* 辩

最简单的管理
才是最科学的管理

2004 年 12 月 28 日

员工： 总裁先生，您好！我是企划部员工杨浩，您做任何事情是讲方法的，你对企划也是这样看吗？

总裁： 关于企划的问题，我讲过很多，我很早就讲过的一句话，这个国家、世界没有一个模式，这就是没有模式的模式，只要你用心实现他，任何一种策划都有可能实现。三百六十行，行行出状元。但是要谨记一点，就是你制定这个方法的时候，你的方法一定要跟别人不一样。

员工： 请问张总，营销公司进入市场启动期是多少时间？升华期多长时间？盈亏平衡点达成确定是多长时间？

总裁： 这要根据市场情况和总经理的能力而言，如果你去这个市场光手续都办了两三个月，根本就不用谈启动期。营销有一个规律，有一个培育过程，这个过程并不是今天拿进去，明天就产生效益，那不是做营销，那是做销售，销售不等于营销。营销是用策略去销售，销售是简单的买卖行为，是不一样的，所以营销一定有一个培育过程。培育期一般来讲，如果你不是以强大的实力在推动营销，1年时间至少是要的。你做得好，2年时间也是要的。现在有的总经理，我根据他市场成熟的程度，如果他已经熟悉这个市场，有这个技能，加上公司又有资金给他，也得要3个月。

员工：公司的人才各有千秋，您是如何要求他们照您的思路去做？您自己又是如何做的？

总裁：从人员的构成来讲，过去和现在的做法我改了很多，用人的方法改了很多。过去我是比较坚持自己的观点。你认为我们公司对你适不适合，适合，你就来；你认为不适合，不一定要来，你再能干，我都不会强求你，强扭的瓜是不甜的，我从来是这种观念。

我和刘备相比，我最多只会两顾茅庐，不会三顾茅庐。公司与公司之间的沟通、人与人的沟通，不是凭口说的，一定要有个时间去检验、去认识。因为我所说的这个层次和他理解的那个层次可能不一样，甚至他可能比我高很多，我认识不到，我比你高很多，你认识不到，这都是很正常的，所以需要反复沟通和交流。

做人我先做好，为人师表，你就不怕鬼。

员工：作为一名成功的商业人士，你是否达到自己的人生目标？最终的目标又是什么？

总裁：我想我到目前为止，还没有一个准确的目标，因为这个社会在不断的变化，我的目标也在不断的更新，越来越大，越来越超越，越来越高仰，所以我不知道哪一步才是我的人生目标，那我只好永远保持着一种状态：努力，不要掉队！

员工：管理是企业赖以发展的基础，请问千里马集团是否有自己的管理标准及其相应的有效的控制体系？

总裁：有。我们公司有三大法宝：《千里马管理法》；《销售法》；《总裁答辩日》。

很多员工素质较差，根本就不学习。一定要明白千里马公司现在不是学校了，现在是战场了。现在我们不是培养人才的时候了，是要打仗用人的时候了，在打仗中自己寻找，找你的位置。要明白，公司到一定的时期，它已不是学校了，不能要你来学习，一上岗就直接向你要利润了。

员工：尊敬的张总，请问，你对市场有多大的承受能力？

总裁：当市场不能承受我的时候，一切都结束了。

员工（网络公司付媛娇）：张总，您好，我是网络公司的付媛娇。我现在想问的一个问题就是因为现在社会上人才流动很大，这是一个社会的普遍现象，那么我们公司在控制人才流动方面又有一些什么比较好的方法？这个方法对控制我们公司的人才流动又有什么样的作用呢？这个方法对公司的发展会产生什么样的影响？

总裁：这个问题在 1993 年 6 月 28 日的"总裁答辩日"上就

讲过我的观点。虽然，我不反对人才流失，但是，我也讲求人才稳定。所以，对于人才的问题，对于职业的问题，对于大家的稳定问题，只有大家的心九九归一，才能把你最大的能力发挥出来，没有做不成的事情。只有心力不到的地方，没有做不到的地方，心到了力就到了，这就是我的观点。

员工：我们知道张总一直在研究中国民营企业的理论，并写了许多理论书，这对作为一个实践型的老板非常不容易。请问，民营企业的企业文化未来走向如何，应有怎样的定位？

总裁：民营企业文化未来走向如何，应有怎样的定位，这是每个民营企业家要深思的"难题"。

民营企业老板每做一件事都要顾及社会对民营企业的看法。企业文化想来容易，实施困难。但是，民营企业要发展，须有良好形象，应该建立优良的企业文化。这得靠民营企业老板自己完成，政府不可能为企业塑造。企业文化的形成先从培养员工着手，员工培养先从怎样做人开始。培训的方法很多，我们千里马集团每月的"总裁答辩日"就是一种很好的模式。

员工：公司下一步如何运用市场督察这一控制管理手段对公司提供政策保障和支持？

总裁：督察就是钦差大臣。权力高于一切，你只要是秉公而断，就可以立即处置，立即查处。我绝对支持督察部门的工作，因为督察部门是保驾护航的，惩处邪恶的。有了一个包公，这个皇帝就当得好；有一个督察，这个老板就做得轻松，公司的损失

就小，所以督察部门的位置就十分十分重要。

员工：张总裁，现代企业尤其是民营企业，大都面临着第二次创业，我想千里马集团也不例外。请问张总，以您的人生经历、您的阅历，您的儒商风格，在第二次创业中如何带领员工往前走？未来的千里马怎样发展，即企业的长期规划？

总裁：我在千里马公司从来没有提过第二次创业，我认为我们第一次创业还没有完成，我永远就是创业，没有说第二次创业，不存在这个问题。我们一直在按照我们的发展轨迹走，比较正常，碰到的问题也是迎难而上、继而迎刃而解。

老板最大的特点就是能够在最关键的时候处理问题，善于排除难题。我最喜欢的是接受最大的难题。如果提第二次创业，就有你第一次创业失败了的嫌疑，这样会误导员工，误导社会。

员工：我是应聘省级总经理的，希望以产业报国的夙愿来为千里马做一点贡献。请问张总，在您的心目中，合格的省级总经理应该是怎样的？

总裁：我认为人才有两种：一种是帅才，一种是将才。

做将才和做帅才都少不了另外一种才——虎才。

我认为省总应该先做虎才，你应该是一匹猛虎，一匹虎将！你先把这个事情做好，其他的，公司来帮你做。

如果你是一匹好虎将，你才能做一名将才，做好了将才后有可能做不成帅才，但是只要你用心，帅才也是从将才中来的。没有天生的帅才。大家推举我来做帅才，那么我就希望你们是将才，将才下面——省总，我希望你们是虎才，是一匹猛虎。

如何才能合格？不是看如何说，指标是考核的最终标准，但是你的操作手段和你的管理能力、你的思维达到什么样的水平，在公司里来讲有一个基本的要求。

员工：一个省级市场完全做起来，除了营销策略得当外，还有一个长期的市场培育过程，就像烧开水一样，真正的沸点是100度，而烧的过程是从0度到99度。武汉公司业务员提到的办理介绍信是为了更好地开展工作，但办理却很困难，从这件小事上，请问这是管理者的观念问题，还是一个人的素质问题？

总裁：为什么开个介绍信这么难，今天我第一次听到这个问题，介绍信是不用批准的，只是要在介绍信上把内容写清楚。

如果在这中间环节上影响了时间，你们埋怨老板可以，允许，但更重要的应埋怨操作者和你自己。

在公关学当中有很多的事情是非常容易解决的，但是你要纠缠起来也是非常复杂的。对于具体做事的人来讲，并不是每个人的素质都很高，当然有些人你是骗不过去的，在这个操作过程中，首先对方的工作并不是专门为你来办这个事情的，但如果他不开，那是他的失职。

反过来，作为我来讲，如果我是个明白人，我应该清醒地看到这个问题不是老板个人的问题，也不是什么制度管理问题，纯属个人的公关操作方法问题，那么我就应该想办法把这个事情做到。

做公关，很多很多的事情都是在操作过程当中完善的。你找个领导签字，你不用讲那么多的过程，如果你要讲，越讲越复杂，这个事情做不成了。开介绍信、去财务报账，都是一个人的公关能力的问题。有些人很简单就办了，有些人办得很麻烦，所以大家都要提高素质，要有协调能力。

员工：张总，金钱、名誉、地位、朋友，您最看重哪一项？

总裁：朋友第一。

员工：您现在什么都不缺了，但有没有您感到非常遗憾，而您这一辈子也无法补偿的事情？请实话实说。

总裁：首先我把这个问题矫正一点，我现在不是什么都不缺，我缺的东西是太多了，但总的来讲，我很充实。我每天都是精神饱满的，工作孜孜不倦，从不厌烦。经常跟朋友谈心，没有哪一天我厌烦工作，目前还没有。将来怎么样，除非我下野。

遗憾的东西也不是没有，我最大的遗憾就是不该当老板，这就是我最遗憾的东西。选择错了，让我太累了。即使我有什么遗憾的事情，想办法补偿的能力我应该还是有的吧？

员工： 我们问的是私人的问题。

总裁： 这个问题我已经回答过好多遍了，谢谢你的关心。

员工： 公司对于考勤制度是否能坚持从公司制度出发严格处罚，特别是累计旷工3天以上（含迟到累计）真正做到除名？

总裁： 大家对我们公司的规章制度一定要记住，我都可能倒着把它背出来，旷工3天我们的规章制度里面是算自动辞职，不是除名。

对于公司管理问题，不能复杂化，而要逐步走向简单化。理论上要最复杂，而实际操作上要最简单。

最简单的管理才是最科学的管理。

第 **33** 辩

商人决策的
第一意识：现实

2005 年 4 月 28 日

员工： 请问张总，每个员工都要有荣誉感，以公司为荣，但是不是每一个人真正能做到这一点呢？你又打算如何在这方面下手呢？

总裁： 不知道你们是不是以千里马为荣，我这个老板终生以千里马为荣，我以我们公司拥有"巴参"、"圣安垫"产品为荣。

我们每一个人到任何地方都应是自身企业最好的形象代表和宣传员，要让社会处处感到：我以我们公司为荣！

我们的人格，我们的品质标准处处要求高人一等，所以，我以千里马的事业为荣。

我希望我们千里马在很短的时间内能够涌现出一大批管理人才，那时我更以千里马为荣。同时，我们要谦虚谨慎，只有不断超前，创新，不断发展，才能对得起社会对我们的认可。

所以，你问我如何在这方面下手，我的回答是：从我做起！

员工：企业只有不断追求卓越，才能不断攀向新高峰，你又如何解答这个问题呢？

总裁：所谓卓越就是你的工作跟别人的不一样，高别人几个品位。

要有卓越的风范，必须要有一种向上冲刺的气质；

要卓越就要有追求卓越的意识，一种拔高的意识。

执着才有卓越！

不要以为我们做了一点事，就满足于现状。最近我发现我们公司的一些员工提的条件越来越多，我觉得我这个老板不糊涂，我记得你做了些什么事情。其实你不用多讲条件，公司自然会考虑，我张鸿毓会对得起每一个对千里马做出贡献的人。

员工：那你评价员工卓越最简单的方法是什么？

总裁：业绩！

员工：我们公司才组建一年就迅速进入集团化，请问张总，你是否认为公司发展步伐太快？您看：药业公司、广告公司、文化公司、软件公司、房地产公司等，而千里马集团公司实质上是医药独撑局面，其他公司基本乘荫纳凉，您不认为显得华而不实吗？只有稳定坚实的基础，才能建起高楼大厦，您认为呢？

总裁：集团是一种经营实体的集约，按《公司法》的规定，集团必须由两三个以上的主体公司组成。

对于一个创业才一年的公司来讲，不可能一步走入大型集团的规模，但我们终究要走入这个规模，而这个规模我们目前设想的是股东内部体制的集团化规模，因为现在我们公司的力量不足以去号召别人来一起集约，而进入其他类型的集团公司只会给自身带来灭亡，但将来可能会走入社会公众性的集团规模。

但是，我们为什么要在一个主体公司缔造未来的初期就设置集团？就是因为要为将来进入集约性的集团化规模公司作好准备。

中国的市场经济还在摸索阶段，但这并不代表我们企业家就不超前。目前我们设置的其他产业只是往未来集约化的真正具规模的集团公司迈进所作的准备，具体地讲，是在不影响主业的情况下所进行的其他产业的操练。

员工：当我们迟到时，"好心人"的眼睛睁得特别大，但当我们加班加点时，"好心人"却闭着眼睛看不见我们，请问张总，怎样才能要他把眼睛开？

总裁：当你在加班时把自己的眼睛闭上就可以了。

（掌声）

员工：这话听不明白。

总裁：有明白的吗？有哪位明白的请帮他解释一下。

员工（女）：我说。张总的意思是不是说：当你做了错事的时候，不要乞求人们会放过你，但当你做了好事时也不要认为值得去炫耀。也就是说，当你在加班时，不要自己睁着眼睛到处去看别人是否看见了自己在加班，你尽管不要去理会别人怎么看你，只要你做了好事，大家的眼睛本来就是睁开的，张总，对不对？

总裁：你很聪明！

员工：您认为我们公司与其他的集团公司有什么距离？

总裁：比方说目前在国内的南边势力大的集团公司，他们的做法跟我们不一样，我们按照自己的思想走自己的路，我们可以采取各种各样的形式而不是拘于一种形式。我们离他们的距离还很大，比起一些虚有其名的集团公司我们又比他们强，我们能生存下来，不断追求新的生活，我们就胜了。

员工：我记得某年某月某日我曾提出暂不组建集团公司的建议，张总曾大力反对，今日何以改变初衷？

总裁：老板一句话，很可能对下面产生很大影响，然而，我往往在做一件事情的前夕，会作出一些相反的举动，但也不绝对。

员工：您对什么样的人不抱信心？

总裁：我对那些对事业不抱信心的人不抱信心。

员工：请问我们公司除了推销自己的产品外，还做其他的贸易吗？

总裁：准确地说，我不主张多元化经营，尤其在企业的创业前期。

员工：你说的这个"前期"是多少时间？10年吗？

总裁：我说的这个"前期"不能以时间而论，而是要以实力而论。一个公司有可能经营了 100 年但仍没有实力，那这个公司永远都不具备多元化经营的能力。

　　只有将一项产业经营稳定后，才能去发展第二项产业，这才是多元化的含义。否则，多元化永远与你无缘，若是有缘那一定是深渊。

　　员工：请问您如何解决部门协调这个问题？您认为千里马应做到如何改进？

　　总裁：我几乎在每个星期一干部会议谈论这个问题，我们部门之间的协调工作存在很大问题，而我觉得这些问题主要焦点在于意气用事较多。年轻人血气方刚，这不是公司的制度造成的。我反复强调我们公司做事应该一切以公司的利益出发，出于公心来办事大家就能合作好。但我发现一些干部对一些人抱有成见，甚至是一些带有私心的成见，在工作中制造一定的麻烦。我没有过多地追究是因为我觉得干部太年轻，经验太少，处理问题的方式太差，我认为要慢慢的成熟。有一些干部很自觉，点到为止；有一些干部，老虎屁股摸不得，一说一批评马上就做出比较强硬的反应，我觉得这不大好。

　　对于部门协调问题、干部问题，该批评的我照样批评你，能够承受得了的，说明你有韧性，你有潜力，你这个人有前途，我是这样看的；受不了的，我觉得你思维跟不上形势。我在批评一个人的时候，是想了很多办法的，一般情况下，我做得很策略，什么人什么情况下什么事情我可以当众批评他？因为有些人是不喜欢我当众批评的，我是尽量这样做的，可能有些人觉得不合理，但他不一定了解我的做法。

如何改进是这一段时间让我困扰的问题，诸如：公司策划好了，工作安排好了，但落实不到人，到不了位，实施不了，这就是伤脑筋的问题。作为一个公司的老板，我不会随便轻易说话的，我说出来则说明我想着这件事，让你做什么事你做不出来我心里就会有想法。

如何改革是我和干部都需考虑的问题，我也在不断地学习。我读了很多国外企业家的传记。我这人很自信，我总认为我们的做法不比他们差，甚至有的比他们还好，但是我们的发展远远没有达到我的标准，距离还很大，怎么办？还是靠大家，我总是希望大家多为公司考虑一下，我们将来是一支非常庞大的队伍，每一个人都要具备管理能力，说不定哪一天你就要站在我这里充当我的角色。我们的计划、设想需要人才，我们的前景需要人才去实现。

员工：（实在是没有问题的问题）张总有一个报纸整版广告创意很奇特，是一首诗，第一句话是引言："很久很久以来，一直在等待着那个梦的出现……"很早就听说公司员工每人每天早晨喝一支"巴参"，至今尚未实施，我已人到中年，进入不惑，正是喝"巴参"的年龄，所以，"很久很久以来，一直在等待着那个梦的出现……"

（笑声）。

员工（生产部容艺）：已经安排好。

总裁：下星期如果再没有喝的，我都要进入不惑了。

员工：为什么手机在公司响要罚款？

总裁：手机在公司响如果不罚款，公司就成了一个马蜂窝，到处都在响，还办什么公呢？肯定是要罚款的。

员工：请问张总，您是怎样看待"巴参"铺垫工作中两个部门业务人员发生撞车问题的？

总裁：我希望两个部门业务人员在今后的工作中进行公平的、平等的、互利的合作。但是，如果实在是有两个不同项目的业务员在一个营业场所撞车了，那就由客户决定哪一个"去"、哪一个"留"吧。

员工：在营销过程中，许多场所对外报价不一致，使"巴参"在市场上的价格显得比较混乱，也使客户对我们业务人员产生不好的想法。请问张总，你如何解决这个问题？

总裁：定价策略是影响营销策略的关键所在，价格混乱必然导致市场混乱，市场混乱必然导致营销策略失调，最终是满盘皆输。所以，公司出笼的价格只有调整的可能，没有不统一的可能。

员工："巴参"的广告促销活动准备投入多少资金？

总裁：在中国，最早在计划经济模式下的广告费用比例是以销售额的3％为审计准则。市场经济后，这一格局发生了根本性的变化，商家往往以一倍乃至几倍的资金投放在广告上。我们的广告却不是以比例计算，而是以质量效果而论。

员工：什么是质量？

总裁：出其不意的创意，抓住了消费者就是质量。

员工：效果呢？

总裁：产生了购买就是效果。

员工：有些广告创意好，但并不能产生购买呀。

总裁：那这条广告在煽动购买的问题上就有欠缺。

员工：煽动购买不违法吗？

总裁：不要恶意煽动。

员工：那你认为"煽动"是褒义词还是贬义词呢？

总裁：将贬义词用在褒义词中就是推动意念词、心灵抑动词！

员工：你这种辩论法不符合逻辑！

总裁：我早就说过，有时候，符合真理的东西往往是没有逻辑的东西。

员工：那你准备投入的广告费是不要逻辑的计划？

（哄堂大笑）。

总裁：是不计成本比例的计划。我们的广告费从产品中来，但前期当一个公司还没有产生效益的时候，也是需要投入广告的，这种投入恰恰是为了产品的投入，因此，我们的广告也都是有计划的。

至于你要求回答的投入资金究竟是多少，相信你根据以上规律已经得出了结论，而准确的数字却是公司机密，请接受"无可奉告"四个字！

员工：如何区别老板的大小？比如市场份额大小、公司与公司的大小？

总裁：老板不分大小，市场不分大小，有利润就有市场；公司不分大小，有业务就有公司；老板不分大小，有公司就有老板。

员工：公司电话总机线路已经足够，但外线经常打不出去，其实是有许多人在占用公司线路打私人电话，这是一个非常难以控制的管理问题，怎么办？

总裁：我们现在发现占用电话聊天和处理私事的确实很多，所以，我们把某些电话设定为内线电话不可以打外线，之后给每个人一个外线密码，这样，每个人都可以打外线，但如果查出业务以外部分的电话费时，全由个人承担费用，而且，只要查出上班时间的其他私人电话，一律处罚。

据说，实行这个管理制度后，电话费用节省了60％，很可怕呀！当然，制度是制度，还要靠有素质的人去执行，希望这部分员工提高自己的品位，不要去做伤害自己人品的事情。

员工：公司是否规定不交文凭就不发工资？

总裁：没有这个规定，不交文凭的也发了工资，只是说凡是有担保有抵押在公司人事部门的，信任程度高一些。

员工： 文凭像身份证一样，是我个人身份的证物，可公司要求每个人将文凭抵押在公司，我认为这是一种侵犯人权的表现，应立即废除这一制度，请张总现在就正面回答这个问题。

总裁： 千里马集团是纯私营企业，国家对私营企业的扶持和保护没话说，但全社会对私营企业的看法却大不一样。

即使是政府职能部门，仍然是视私企如私生子，索要和打压、设置经济障碍等无处不在，私营企业步履艰难，我相信这种局面终究会改变，但到底需要多久去改变，谁也不知道。国家没有一部《私营企业法》，而且，在过去主管、职能部门的所有政策文件中也没有"私营企业"这个称呼，尤其在法律方面更不明朗，有时私营企业的员工侵犯公司利益，做了违法事情，律师居然不知道套用哪一条法律条款。所以，私营企业要保护好自己只有靠自己！

员工： 私营企业保护自己的利益我们理解，但不能对员工的约束做得太离谱吧？

总裁： 从我来讲，做人首先要相信别人，而且我总是做在别人前面先去相信他，也就是说："我"先付出。否则，你怀疑我，我怀疑你，互相都在猜测之中永远也成不了大事。但是，并不是每一个人都会遵守诺言的，吃亏多了就会改变观念，慈善就会转变为凶恶，最后，只好修改"朝纲"，这就成了大家说的：先小人后君子！

目前，几乎所有的三资企业对新员工都要求交就业保证金，而我从公司建立那天起就没有要求员工做任何形式的就业保证。我认为，千里马公司应该敞开宽阔的胸怀欢迎一切对千里马有诚意的人！

（幽默状）但是，随着长流的岁月，我公司越来越多地发现，货物、人民币比任何公司都流失得多，货被调出后，人失踪了，货也不见了；现金借出了，花掉了，人也不见了。

员工：可以把他抓回来呀！

总裁：没错，完全可以去把他抓回来。但是，所耗费的人力、物力得多少？还有公安费。当然，这些人跑不了，早晚会让他归案，公司本来就没有停止过抓人。

但从这些事上让我改变了一些观念，我逐渐从人的理想化回到人的本性，让我对人的管理开始先从人的本性出发，最终实现理想！

员工：你认为人的本性是什么？

总裁：从现在话题的意义上讲是"自私"。

员工：你认为我很自私吗？

总裁：我认为每个人都自私，只是程度不一样而已，但这也是允许的呀。

员工：那雷锋是怎么出现的？

总裁：雷锋是人类为了摆脱"自私"而出现的。

员工：怎样去摆脱"自私"呢？

总裁：学习雷锋就可以了。

（众有趣地大笑）

要摆脱"自私"，必须从两个方面入手：一是自身调节。自己首先既要有高风亮节的宽阔胸怀，又要有高尚的人品、人格，也就是道德品质；二是外部制约。

员工：这么说，押文凭就是张总的"外部制约"？

总裁：不能完全这样理解。当公司有了教训之后，我也像别的企业一样开始收押金，可经常碰到一些交不出押金来说情的，有些说得我鼻子都酸了，我心一软：免了吧！后来我就把上岗押金改在每月工资中扣，但扣得很少，按不同的职务比例扣；再后来干脆就不扣了，改为文凭。但严格地讲，不叫押文凭，应该这样理解：你既然在我这就业，就要有我这儿的人事档案，而你又

张鸿毓和员工过生日

总裁答辩日现场

不转来，那么，文凭就交公司"统一管理"吧！至今为止，国企和国家机关干部的文凭基本上都在该单位人事处统一管理，所以，我是参考了他们的管理结合私企的情况而行的，不叫押文凭，叫建立员工人事档案。

　　员工：但是我们也听说许多人用假文凭在骗张总。

　　总裁：公司对每一张文凭都进行了核准，确实发现了一些员工在用假文凭骗我，这些人真的很不值钱，不过，我真的服他：你用自己的假文凭骗自己就业的公司，心安理得吗？我相信你没有一天安心日子过，你现在坐在我下面就非常恐慌，有必要吗？

　　员工：张总，能不能点一个人名出来？

总裁：免了吧，希望他知道马上该如何做。

员工：22日是我难忘的一天，公司人事部为员工庆祝生日的行动太令人感动了。那天中午，好多员工庆祝胡翔和我的生日，使我感到特别的温暖，借此机会，特向公司表达我深深的谢意！

总裁：我不记得吃到这个人的蛋糕没有。公司在创业之时就有这条制度，就是员工的生日公司赠送蛋糕，部门主持生日。那么部门可以在部门范围内举行庆贺。我在家的时候，我都尽量参加了。这是公司一件很有意义的事情，是公司的一份情意，也是我个人的一份情意。

员工：张总，作为老板，经常会有人向你介绍所谓赚钱的项目，甚至故事编得很好听，你觉得应该如何对待？

340

总裁：现实！不要随便投资一个看不见的项目，更不能被所谓的"未来"故事打动。民营企业创业何其艰难，一旦弄砸了，回头是很难很难的，成功后一定要以守为攻，在此，我郑重告诫：不管别人给你介绍的项目之故事如何动听。

商人决策的第一意识是：现实！

第 **34** 辩

企业三定律

2005 年 10 月 28 日

员工：假设公司发生财政危机，公司会让员工知道吗？

总裁：公司制度里有这么一条：如果公司一旦发生危机，提前一个月告诉员工，同时那一个月不影响你的工资，那时你就知道了。让员工知道公司的财政困境不是坏事，有志者与我风雨同舟共渡难关，无意者人各有志，天涯任你寻芳草。

员工：目前许多民营企业正在蓬勃发展，然而也有许多民营企业日益走向衰败，其中导致衰败的因素之一是受到亲缘、血缘等家庭式管理的桎梏。请问张总在贵集团的管理机制、人员机制等方面是否存在这种亲缘、血缘关系？

总裁：在众多的私营企业当中，我们中国曾经推出过"十佳成功企业老板"，这些老板到现在为止，大概有三四年的时间了吧，只有一位在任。有一些老板不见了，有些老板出国了，有些跑了，有些垮台了。他们失败的原因首先就是风刮得太猛，其次有三个原因：

第一，回乡投资，家乡观念浓。

中国人有一个最大的弱点就是喜欢"光宗耀祖"，这个弱点害了中国 N 代人。光宗耀祖是一个中国人最喜欢吹嘘、浮夸、吹捧、抬高自己的方式。

但并不是说每个回乡投资的人都失败。为什么要回乡投资？这完全取决于个人的想法，其实回乡投资压力是很大的，败了，你觉得没面子；赚了，人家说哪里不好赚钱来赚自家人的钱，你又不好意思拿走。所以，我建议：如果真的对家乡有感情，不如选择捐献——给家乡作些慈善事业。

第二，家族企业。

你的父亲，你的儿子，你的亲人，不一定懂这个行业，你让他来参与管理这个行业，必定会导致失败。你可以给他们就业，就业就是就业，和别的员工没什么区别，除非有管理能力的血缘、亲戚，才能充当管理者。我在 1994 年的"总裁答辩日"上就"人缘理念"问题曾经强调过这个观点，我会坚持到底，我也是这样做的，大家有目共睹。

但也不是说不能做家族企业，世界上尤其是香港也有许多成功企业都是家族企业。

第三，滥收购。

为了膨胀自己的资产，到处去收购，收购了以后，管理跟不上来，行业产业又不对路，如此投资谈何容易。还要注意，在与政府合作参与国企收购时，尤其要详细论证，决不可听某人的一面之词或屈从不合理的行政指令。

员工：你刚才说的回乡投资包不包括异地投资？

总裁：包括。

员工：那我问你，一个地方政府的招商引资政策如何体现？许多地方政府不愿本地企业出去，但又欢迎外来企业。请问如果政府都不愿本地企业出去，哪来的外来企业之说？而且许多异地企业做得很好，并没出现你所说的那种情况？

总裁：属政府的招商引资项目应具体问题具体分析。有一些确实做得很好，所谓"外来的和尚好念经"，政府甚至支持他们还超过了对本地企业的支持，因此也引起了本地企业的许多抱怨甚至招致本地企业情绪低落，从而导致本地企业的业绩下降；但也有不少异地投资砸了锅的，这就是我上面所讲的情况的表现。

要清楚一点，做好了，政府高兴支持你，做砸了是你自己的事情，可没人管你，所以要小心从事。

员工：请问张总，我们公司是走多方向发展，还是走单方向发展？

总裁：多元化发展是政府必须考虑的问题，但如果一个公司也去考虑多元化发展，最终一定是失败！

国际上有一个统计就是：凡是多元化发展的公司，80％是失败的。这是教训，不能搞多元化，要搞也只能搞行业产业多元化。比如医药，我们是多元化，药材种植、制造、医药批发、连锁药店、医院等，这才是真正的产业多元化。

在千里马公司大家永远记住一点，家族企业让很多企业走向成功，也让很多企业走向失败。我们不管是什么企业，不用去理他，你只看这个老板做事公不公平就行了，不用去研究这个问题。

说实话，我这个脑子里面没有这些"家族"不家族的概念；什么滥收购呀，什么回乡投资呀更没有。

员工：我们都知道张总通过多年的实践，总结出了一个企业生存发展的三定律，简称"张氏定律"，那么，作为一个私营企业，究竟如何运用才能做强做大呢？

总裁：关于私营企业如何做强做大的问题一直是学术界讨论的问题，且众说纷纭。根据我的体会，私营企业要想做强做大，掌握三点就一定能战无不胜。

这三点就是我早期归纳、总结、制定并在公司跟大家讲过的"企业三定律"：

生存定律；风险定律；超前定律！

生存定律：保证企业正常运转并有相当于正常运转资金一倍的盈余资金储备；

首先，生存是先决条件，也就是说，企业首先要解决的是自身的温饱问题，企业的盈利能力首先要保证企业能正常运转，先养活自己，只有活着才有可能去考虑发展。如果自生能力都不足，决不可以去扩张企业或对外投资。

风险定律：在盈余资金有相当于正常运转资金两倍的前提下才能考虑扩张或对外投资。但只能拿出其中的一倍，而且这时候还不能冒风险，尤其不能做"风险投资"项目，只要测定风险存在1%，你就应放弃！只有在盈余资金有相当于正常运转资金三倍以上的前提下才能考虑风险投资项目，否则，只能做本行业的滚动发展。风险投资只能动用两倍以上的资金。

超前定律：一切思维活动要走在本行业头号企业思维活动的前面，要有跨世纪的超越。

同时，要掌握"企业三定律"，还必须掌握支撑"企业三定律"的五大要素，即：资本、品牌、有序、无私、无畏。

其中，"资本、品牌"是对公司提出的要求，称为"公司两要素"。

"有序、无私、无畏"是对老板个人提出的要求，称为，"个人三要素"。

资本：包括资本金、融资，而更重要的是股份"分权"。私营企业往往在法人结构治理方面处于保守状态，这有历史原因，但要切记：当公司具有含金量时，一定要舍得"割爱"，即及时将股份出让套现，以求更大的发展。即使含金量不高而项目、产品具有价值时也要考虑股份"分权"问题，不要因此时股价难以高价出售而死守"死滩",这样下去企业只会越来越不值钱。

品牌:包括产品、企业及老板个人品牌,这是企业做强做大的先决条件。

有序:虽然是私营企业,但经营一定要规范。私营企业往往在创业初期无条紊乱,剪不断、理还乱,甚至有可能导致法律纠纷。所以,内部一定要有"秩序",要科学地摆平亲情和员工之间的关系、公司与外部的关系,坚决做到规范经营。

无私:虽然是私营企业,但管理者一定要做到私营而不私心。应该处处想到自己是在为社会谋事,自己的一切都是国家的、社会的,这样对员工和社会都有一个高尚的交待,员工、社会才尊重你,你的地位才高。

无畏:因为你做到了"无私",所以,遇到任何突变事件你一定会显示出大无畏的精神,任何敲诈、勒索、诬陷、迫害你都可以光明磊落地正视他们,最终就可以做到"正气压倒邪气"!

企业三链:政治链、产品链、资金链

一个企业就如同一个社会,社会是一张网,企业是网上的绳,绳即链!政治链、人缘链、产品链、资金链,链链相连,断一不可!

链得好,这根链也会像一根无形的绳子将你的终生死死地套住,于是,无穷的成就感中其实伴随着极大的痛苦。

链断了，企业势必迫于痛处重新洗牌——重组、剥离、倒闭、破产……

对一个新创业的企业来讲，这三根链应该是一个倒金字塔，即要先有资金，再有产品，然后才有政治。

而对一个发展中的企业而言，首先要稳固的是政治链，其次是资金链，然后是产品链。

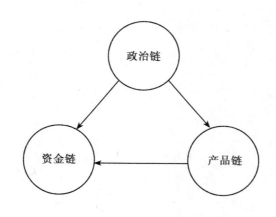

企业三链连接关系图

员工：张总，在企业竞争如此激烈的今天，我们是否可以采取离间计来瓦解对方？

总裁：《孙子兵法》用间第十三，就是你说的第十三计离间计，虽然瓦解敌方，手段纷繁，但这不是现代企业的作为，我从来不做去瓦解对方的事，公平竞争，自生自灭吧。

保持自身实力，留得青山在不怕没柴烧，等待东山再起；抑或取道第三十六计，曰：走为上！然而，此计者，下策也！

千万记住：这企业三根链一根都不可断！

"企业生存三定律"和"企业三链"就是企业做强做大的秘诀！

（长时间掌声）

第 **35** 辩

创业就是放弃

2005 年 12 月 28 日

员工： 公司有个品牌，又是公司名称和产品商标："CRON"，即"CREATION"前后两个字母的拼写，意思是"生存在于创造"，创造这个词对于企业如何解释？

总裁： 企业只有不断创新才有生命力。产品不断地延续开发、人力资源不断地循环、企业资源不断地整合、老板思维不断地"洗脑"，这就是企业的不断创新，就是企业的创造。

诉求 + 勤奋 = 创造

员工： 张总根据自己多年的管理经验，总结出了许多关于企业管理的哲学道理——从做人到做事，既精辟又经典，如"企业生存、发展三定律"和其他企业名词的定义公式，堪称"张氏定律"和"张氏公式"，能否归纳一下？

总裁：你在嘲笑我？内容太多又复杂，讲个循环公式吧，看屏幕：

制度 + 人格 = 管理

管理 + 哲学 = 企业文化

企业文化 + 关爱 = 感情投资

诉求 + 勤奋 = 创造

创造 + 悟性 = 人才

人才 + 机遇 = 成功

（长时间热烈掌声）

员工：张总，您好！我是网络部五楼的，我只问一个问题，就是说回顾这些年头您走过的路程，您有没有过患得患失的感觉？

总裁：怎么没有呢？

员工：那您可以简要谈一下嘛？您得到的什么？失去的有哪些？

总裁：我得到的是千里马的员工，失去的是……第一失去了我的年龄，第二失去了我的……

员工：您说的年龄是不是指的青春呢？

总裁：不是，年龄就是年龄，我现在还很青春。（笑声）第二就是……我觉得也没有失去什么东西，就是失去了一些时间吧，但时间也是有价值的，也不叫失去。失去了家庭婚姻的机会、失去了一些吃喝玩乐的时间。这样满意了吧。

员工：谢谢总裁！

总裁：郑泉你想说什么，你帮我回答啦。假如你是我，你认为失去了什么？看你回答怎么样，你搞企划主管的。

员工（郑泉）：张总裁把这个球踢到我这里来。我上次写过一首诗，想请您修改，就是见不到人。你一直总是古板着个脸……

总裁：我什么时候板着个脸？（笑声）

员工（郑泉）：我听别人说见到你，腿有时候发颤……

总裁：你这么高个，你腿还发颤。（笑声）你这么一个大公司的高级企划人员，居然见了老板腿发颤，说明你的企划工作根本经不起考验，心虚。

员工（郑泉）：张总裁，我纠正一下……

总裁：你应该大踏步地走进来说："张总裁，我这个策划非常好，推广吧！批准吧！"

员工（郑泉）：张总裁，我是听别人说的，我没有这种感觉，可能这是因为我的年龄原因，但是我相信别人说的是实话。

总裁：好吧，你还是没有回答出来。我直截了当地回答你，说实话，我还没有真正地感觉到我失去了什么，因为我每天不断在运作，脑子在转，我很充实，空虚的时候就是睡觉前那几分钟，或者突然火车一响（公司旁边有铁轨），惊醒了那一会儿有一点，大概是生理现象吧。就算失去了什么东西，也可以随时找到嘛。那既然找得到，就不叫失去了嘛。我很充实，每天都精神饱满，很有成就感。我从不在乎成功与失败两者之间的问题，并不是说失败了，你就低落，成功了，你就狂妄，你就忘形，我非常注意这两点，在我的报告里面已经展示出来了。

员工：请问张总，我们常说创业创业，创业的含义究竟是什么？什么是创业？

总裁：

创业就是"放弃"！

员工：何解？

总裁：创业是创业者通过发现和识别商业机会，从而组织各种资源，不断地塑造产品和提供服务，并以其创造价值的过程。

在这一定义中，创业包含以下几个要素：创业者、商业机会、组织、资源。

前期，创业包括你对"企业生存三定律"的认识和运用，后期，则需围绕"企业三链"而不断地进行维护。

员工：那创业者是谁呢？是老板吗？

总裁：创业者应包括老板和团队。

员工：那你是说：创业者应是老板和员工一起啰？

总裁：可以这样理解。

员工：那你曾经说"老板是思想，员工是行为"，你这个逻辑不是告诉我们：创业这就是老板一个人并不包括我们吗？

（众大笑）

总裁： 牛角尖！

员工： 不是牛角尖，被誉为"全球风险投资之父"的美国风险投资家多里特有一句名言：我更喜欢拥有二流创意的一流创业者和团队，而不是拥有一流创意的二流创业者和团队。这个观念如今已成为风险投资界的一个投资原则，请问你作何解释呢？

总裁： 这句话被称为经典在某种情况下有他的道理，尤其是针对于风险项目。但要注意他说话的语言环境，他既然确定投资这个高风险项目，实际上他在这个时候已经把他自己比喻成了一流的"创意"，接下来他最需要的是能够帮他去实现的一流"创业者团队"，至于创意人员是不是一流已经不重要了，因为他已经有他自己了。

所以我才说："老板是思想，员工是行为，思想好，行为就准确。"

那为什么说创业就是放弃呢？

我曾经给出过一个老板定义的公式：执著 + 放弃 = 老板。

放弃就是要你抛弃一切私心杂念，全身心投入到"创业"中来，这种"放弃"包括：首先是专业放弃（比如改行），你要毫不犹豫地"下海"——之前要斩断一切退路，逼着自己往前走；接着是情感放弃，家庭、爱情、婚姻、朋友、一切血缘亲情、社会关系，凡有阻碍你"创业"的都要放弃！

员工： 那岂不是很残忍吗？张总可不像一个残忍的老板啦。

总裁： 但我在"放弃"的问题上有点残忍。如果说为了要创好业做得太残忍了的话，那创业者成功后就尽量去多做些弥补吧，因为有时候残忍是因为不被理解而不得不决断的。

反过来讲，如果你没有这种"放弃"精神，那我现在就奉劝你：永远也不要去考虑"创业"当"老板"的问题。

只有放弃才能得到！

第 **36** 辩

陷阱与上帝同在

2006 年 10 月 28 日

主持人钟阳：今年，还有两个月，就是我们千里马集团 10 周年纪念日，因此，今天我们在这里举行"总裁答辩日"具有非凡的意义。首先让我们共同预祝千里马集团 10 岁的到来而热烈鸣掌！

（长时间鸣掌）

接下来，让我们共同齐唱千里马企业歌《陪我走走》！

（放音乐，员工共唱千里马企业歌《陪我走走》）

在答辩会正式开始以前，我对答辩会的形式作一些说明。为了庆祝千里马集团 10 周年生日的即将到来，为了增加各子公司与子公司之间的竞争，这次总裁答辩会的形式有所改革，就是要对我们的答辩进行评比，并设重奖。评奖结果将会在今天晚上的晚会上宣布，由我们的张总来颁奖。希望大家能踊跃提问，特别是团体奖希望大家能有一点团队精神，主要是考察你们公司整个部门提问的数量、质量以及在整个答辩过程当中所反映出来的那种凝聚力。答辩马上就要开始了，希望大家能够一开始就直接拿着话筒开始提问。下面我们以热烈的掌声欢迎我们千里马集团公司董事长兼总经理张鸿毓先生主持答辩！

总裁：又到了我们伟大的千里马日！

在美国，有一次我驾车去西部进行考察，到半山腰的时候下车，看看美国西部到底是什么风格。1994 年第一次去美国的时候，美国西部对于我来说非常神秘。我突然看见前面有一个小房子，走到里面发现环境我好熟悉，好像原来到过这个地方。想了一段时间，原来这是我十几年前做的一个梦，梦到了这个环境，今天回想起来非常之熟悉。十几年前，在梦中梦到的东西，十几年后竟然亲临这个环境，说明了什么？物理空间和心灵的关联。我不是个唯心主义者，我不迷信，但是我认为这说明了心里有你就会得到，你追求一个东西，大踏步的，永不停息地追求下去，你就可以得到。也就是说：

只要人能想到的东西，这个物理空间就有可能存在。

理想和现实其实距离是很近的，执着追求，不要停歇就能达到。

墙上有一句话：付出未必成功，成功必有付出！这是我于

1993 年写下来的！你追求了一辈子没有成功，你白干了；你追求了一辈子最后一次成功了，你以前所有的东西都有价值。这是跟大家讲的一个小哲理，是一种灵感，我一直保持着这种灵感，所以我也希望千里马的员工天天都能有这种灵感！

今天，又到了我们千里马集团兴奋的日子！

希望这一次"总裁答辩日"能成为我们比较完善、完整的历史小结。我们记录在座各位的语言、理想、思维，所以希望大家踊跃地站起来和我辩论。以前有很多员工不愿意暴露自己的身份，写纸条进行辩论。我总希望大家能够面对面的辩论。现在开始答辩。

员工（两广总督谢武宏）： 尊敬的总裁，我想提一个在我们公司再老不过的个人问题，但我还是要提：您为什么不结婚？是为了事业还是别的？是害怕女人吗？您不是要完美吗？但是几时能完美？给个时间我们好吗？

总裁： 请问您结婚了吗？

员工（两广总督谢武宏）： 我结婚了。因为我结婚了，而且很幸福，所以我真希望我们的张总也能体验一下。

总裁： 很幸福吗？

员工（两广总督谢武宏）： 真的很幸福！

总裁： 那我们曾经有一次坐在一起的时候你怎么跟我们大家说的？

员工（两广总督谢武宏）： 我确实也打电话回去请假，但这种感觉也是很幸福的。

总裁：那好，你的这种回答我也是感觉很幸福的。你们大家幸福我就幸福！

员工（两广总督谢武宏）：想不想完美？

总裁：想完美！我天天想完美！昨天我就想完美，但是被你们拖着出去喝咖啡了！

员工（两广总督谢武宏）：最后一个问题是：什么时候完美呀？

总裁：既然是上帝创造了人类，既然是上帝创造了完美，那就让上帝也来跟我创造完美。他说什么时候完美就什么时候完美！

（掌声）

员工（袁文波）：人们都知道，艺术是带有理想主义的，所以浪漫色彩就比较重一些；市场是现实主义的，所以比较残酷一点，请问总裁您是怎么样把这两种心态很好地融合在一起的？如何用一种浪漫和残酷的心态来面对当今这种市场竞争的？

总裁：事实上，我认为这是一种企业文化的区别。市场是残酷的，你用再好的词汇去装饰它也是没用的，赚钱才是真理。

那么，你怎么在赚钱的同时也体现出企业的文化这也是很重要的。因为我过去从事文化艺术方面的工作，所以有一点基础在。后来从商，我学会了把这些文化艺术融入商业中。我非常懂得市场是残酷的，是你死我活的。那么在我们真刀真枪、针锋相对的时候，我们把艺术推上来，让我们的艺术来感染、来软化敌人的刀刃，可能对企业有很大帮助。

员工：听说您是小说家、剧作家、散文家、诗人，而且写了许多令我们不能相信是出自繁忙老板之手的鼎世作品，现在您能即兴给我们写一首诗吗？

总裁：太为难我了吧？

（全体员工喝彩要求）：是！

总裁：给我命个题。

员工：就你自己现场即兴。

总裁：好吧，现场即兴，大家听好了……（略思考）
前面将才后面兵，

中间坐的是明星。

上下串通斗老板，

老板肉跳心不惊！

完了！

（掌声大笑，会场前面正好是坐的总经理级干部，中间坐的是千里马艺术团演艺员，后面坐的是其他员工）

员工（总裁助理段吟）：张总，有一句话说"性格决定一个人的命运"，现在在企业界流行着一个观点：一个老板的性格，决定着这个企业的命运和走向。我想问一下张总，您的性格会对我们公司产生什么样的影响？

总裁：我不是说过吗，"老板个性引领企业文化"，我的性格将使千里马公司的未来极具企业个性！

员工（大百步连锁店员工张代春）：我想请问总裁，以前中国企业认为不要把鸡蛋放在一个篮子里，一些企业在经营运作中求大求全以致产生了不良后果，而现在亚洲金融危机后国内的许多企业又相继立足主业，精简投资项目，剥离资产，请问总裁您是否只会考虑把鸡蛋放在一个篮子里？

总裁：我把鸡蛋放在荷包里。

（众笑）

员工（湖北省总张聚武）：我想请张总回答两个问题。您对目前产品在市场上的占有率和利润率的理解？谈谈两者之间的关系。第二个问题，您对胃痛安目前的市场利润率有何看法和评价？

总裁：产品在市场的占有率越高，可能单个利润越低，但整个市场加起来，当然利润率就高了！

员工（网络公司员工佘纪兴）：现在世界上许多知名的企业都在探索一个变革的问题，您认为千里马集团是否应该变革？是在外部营销方面变革还是在内部管理方面变革？为什么？再一个我想问一下，在新经济到来的时候，传统产业和新兴产业争夺资源的矛盾，我们千里马集团的这种矛盾是否非常激烈？

总裁：第一个问题，《三国演义》第一句话："久合必分，久分必合"。这是过去人类进程的历史规律。

"穷则思变"，我认为我们千里马公司一直在过"穷"日子，所以我每天都在"思变"！不是说外面的人变革我们就变革，我们要看看需不需要变革。

用"创新"两个字来代替"变革"我想会更好一些。公司要每天创新，永远创新！我希望我这个老板也是每天有一个新的面目展现在大家面前！创新比变革更准确。我们营销公司变革了吗？变革了，我创造的"点销"就是在充分研究了传销、直销、常规营销等之后出笼的，这是不是创新？是不是变革？鲁迅都说爱情需要天天更新，何况企业？

第二个问题：关于传统产业和新兴产业争夺资源的矛盾问题，在我们集团表现比较强烈，但理顺了就不矛盾。我们的三大产业"药业"、"信息"、"文化"就是如此，比如传统的中药制造与文化艺术，还有 IT 英特网站，隔行都比较大，但我们都运行得很好，集团的中心还是围绕"药业"而行，虽各有千秋，但相互照应，配合得很好，因为我们掌握了一个很好的定位：在保证主业的前提下发展。

员工（网络公司员工佘纪兴）： 千里马公司的员工都这样认为，老员工是创业的，是基础，新员工是充满活力的，是未来！我想问一下张总如何给新员工激励的问题。

总裁： 一个公司绝不能有新员工、老员工"资格"这种说法，只有贡献的说法。如果老员工 10 年做出一个贡献，而新员工一年就做出一个贡献，那他就与老员工价值等同。

员工： 张总，您在开办公司时，什么事情让您感受最深？

总裁： "人"。

员工： 您从中感悟到了什么？

总裁： "人心"！

员工（企划部段中才）： 尊敬的总裁，我是企划部门的段中才，我看到您和刘华清同志合影的照片后，就想请问您，当您和这些中国的最高领导人一起促膝谈心时，是以一个中国老一辈领导和一个中国新一代企业家身份，还是以一个老人和一个青年人的身份谈心呢？

总裁： 两者兼有。

员工（企划部段中才）： 那当你和华清老人下象棋时，当您的"将军"能"将死"他的时候，您是选择"将死"他还是选择"不将"？

总裁：如果"能"，我一定选择"能"，问题是我没"能"。

员工（企划部段中才）：为什么？是因为他是军委主席？是国家领导人？

总裁：是因为我没能当上国家主席。

员工：您在近期的会议和总裁答辩中，对近期的营销工作给予了肯定，集团将以什么样的方式给这些优秀的员工适当奖励？

总裁：昨天开了一天省总的会议，我们把两个月"市场承销协议书"签订后，对各省总的业绩进行了统计，经过反复的讨论，评出了6个奖项。现在宣布一下：

一、贡献奖江苏省总马军；

二、终端奖山西省总袁文波；

三、务实奖河南省总夏加胜；

四、攻心奖辽宁省总杜远鹏；

五、鼓励奖黑龙江省总刘文平；

六、营运奖两广总督谢武宏。

员工：张总，您到底觉得您是一个什么样的人呢？

总裁：一个认识自我的人，一个尽量追求完美的人！

员工：您是如何协调生活、工作、娱乐三方面的呢？

总裁：认认真真工作，潇潇洒洒生活！

员工：网络时代，公司的实力取决于思维和行动速度，您是如何随机应变以适合 E 时代的要求？

总裁：有的员工喜欢说我随意性太大，实际上在市场经济当中随时要有这种随机应变的要求，如果你不能做到这一点，不可能跟得上 E 时代的发展。思维之后要有行动；行动就要有速度，思维准确就可以变。

员工（张丽霞）：对于经营取位，您认为我们是先创品牌，还是先盈利呢？

总裁：当然是先盈利了。

员工（张丽霞）：那跟您的企业理念很矛盾吗？您不是说先创人格品牌，然后再创商业品牌吗？

总裁：对于你们自己当前的位置来讲当然是先创效益了。

员工：难道不要品牌吗？

总裁：千里马难道不是品牌吗？

员工：千里马应是集团品牌，我们应该还有一个独立运作的品牌。

总裁：一个公司没有孤立的品牌。一个优秀的、有潜力的企业是具有浓厚文化底蕴和良好凝聚力的，这些元素加在一起才能形成企业品牌。

员工（艺术团王文菲）：千里马是跨国公司，为什么不把艺术团设在国外？

总裁：设在国外的艺术团是金发艺术团，民族文化才是艺术！

员工：一个成功男子的标志是什么？在女人眼里呢？

总裁：我觉得应有一种魅力感。一眼看去在这个社会能够立得起来，用艺术的话说，就是要有气势和气质。"在女人眼里呢？"那就请哪位女士回答一下吧。

员工（艺术团熊英，女）：像张总这样的。

（众鼓掌）

总裁：这是概念性的话。BMW——宝马车，在国外很流行。谁能告诉我它的含义？……B的意思是"Business——事业"；M的意思是"MONEY——金钱"；W就是"WOMAN——女人"，这是在欧美被民间称为一个成功男子的标志。（我没说代表我的观点啊）

员工：您60岁以后干什么？

总裁：为民营企业立传。

员工：您如何对待谩骂、诬陷、诽谤？

总裁：我对于朋友，就是一个字——"谅"，"谅"是谅解的谅。一个人为了达到自己的目的，可能会对他造成威胁的人进行语言乃至人身的攻击，我也谅解你的私心，对于这一些不要过多的去想，你就不会太累，把这个时间拿去做一些大事情，你的心胸就会越变越宽阔。如果想着如何对付这些小人，你的心胸也会越变越小。我这个人最不喜欢两种人：第一，背后说人坏话的；第二，威胁别人的人。

但是，我们不要随意地去嘲笑、挖苦、讽刺别人，而要就事论事，是为了工作，就不随意"挂靠"人格。

嘲笑别人就是掩饰自己的空虚；

诽谤别人就是增加自己的弱点；

讽刺别人就是掩饰自己的恐惧；

诬陷别人就是为自己制造陷阱；

冷笑别人就是加剧仇恨的欲火；

谩骂别人就是否定自己的品德。

员工：张总，从邓小平视察南方以来，中国的市场经济发生了根本性变化的，民营企业也不断得到国家的重视和扶持，并在《宪法》的多次修改也有所体现，对此，请问：你对中国民营企业的前途看好吗？国家或你对民营经济现状和未来作何定义呢？

总裁：关于国家定义民营企业的问题，在中国法律概念里没有"民营企业"，而称为"个体、私营经济"或非公经济，现在又流行"中小企业"。

自从 1982 年我国制定《宪法》以来已经过四次修改。1988年第一次修改仅为 2 条，1993 年修改 9 条，1999 年修改 6 条。2004 年修改了 14 条。

1988 年第一次修宪时，国家第一次把私营经济写进《宪法》："国家允许私营经济在法律规定的范围内存在和发展。私营经济是社会主义公有制经济的补充。国家保护私营经济的合法权利和利益，对私营经济实行引导、监督和管理。"

1993 年第二次修宪时，用"社会主义市场经济取代计划经济"。

1999 年第三次修宪时，确定"在法律规定范围内的个体经济、私营经济等非公有制经济，是社会主义市场经济的重要组成部分"。

2004 年 3 月第四次修宪时，将第十一条第二款"国家保护个体经济、私营经济的合法的权利和利益。国家对个体经济、私营经济实行引导、监督和管理。"修改为："国家保护个体经济、私营经济等非公有制经济的合法的权利和利益。国家鼓励、支持和引导非公有制经济的发展，并对非公有制经济依法实行监督和管理。"此次修宪明确规定国家对非公有制经济采取鼓励的政策，即意味着非公有制经济已经取得了和国有经济同样的"国民待遇"。

从"社会主义公有制经济的补充"到"社会主义市场经济的重要补充部分"，继而成为"重要力量"，至今已经过了漫长的 16 年！虽然我对中国民营经济前景非常看好，但总觉得还是有许多使不上劲的地方。其实，我们国家在许多方面的理论还是很优秀的，关键在行为，即执行到不了位。最终还是"人治"和"法治"的问题还没得到根本解决，许多事情需要时间，需要时间来改变国人尤其是改变国家决策者的思维，但我们这一代人又有多少时间来等待和观望呢？只好自己努力吧！

至于我如何定义民营企业，我觉得：我不管什么社会、什么主义，我只要有企业自主权就行。要什么定义？搞那么复杂干嘛？它的定义就叫"公司"！

（掌声）

员工：张总，从千里马这么多年的发展来看，你对民营企业确实倾尽了心血，我想，这与你的个人文化素质和底蕴分不开，除此之外，你是否背后还有高人在指点？

总裁：我是一个破落的十足的"黑五类"家庭出身，没有任何靠山，而且，我忠告大家，江山是打出来的，不要祈求任何一种侥幸！

员工：那么你对历史和理论书籍的阅读和研究算不算也是一种高人指点呢？

总裁：这可以算。比如《孙子兵法》、《三十六计》就是高人。你研究了它以后，还要善于把它运用于企业——不仅仅是企业，它可以广泛运用于各行各业。如果我不勤读书，可能就没有千里马、就没有总裁答辩日，今天刚好是我们总裁答辩日的第36辩，大家可以和《三十六计》比较一下，这就是企业经商的计谋，企业的大计，企业的《三十六计》！所以，我告诫大家：要多读书、勤读书，还要用脑子读书。

员工：张总，听说一个专利可以减十几年刑，你拥有十几项个人发明专利，那法律岂不是对你无效了？你还有几百岁积余呀。

（众大笑）

总裁：没这个说法，你法律知识太差，要好好学习。

员工（女）： 张总，我感觉千里马成功的一半可能要归功于"总裁答辩日"。然而，今天的"总裁答辩日"快要结束了，我不禁有感而发，其实，我想到了咱们民营企业命运的很多很多……

总裁： 请说。

员工（女）： 虽然社会对你有很多的赞歌，然而，其实从你那精神抖擞的眼神里，我看到了你的疲倦、你的忧郁、你的压力、甚至你的恐慌……

我们知道，你对中国的崛起充满了信心和注入了终生的情感，你为千里马、为国家的经济建设付出了一个常人不能做到的付出。10 年的千里马公司和 10 年的"总裁答辩日"就是最好的历史见证！然而，10 年了，你至今睡办公室，不恋不婚，还要承受来自社会各层的压力……这些你认为值得吗？政府知道吗？朋友赞同吗？父母心疼吗？社会承认吗？

我们的"总裁答辩日"进行了这么多年，我们大家私下议论时都认为她给中国的私营企业注入了光辉的一页，然而，就你个人这种"放弃"的生活方式而言还要持续多久呢？

（全场油然肃静，张鸿毓眼睛开始激动充血，继而开始涌出泪水）

总裁： 的确，我疲倦、忧郁甚至恐慌，我深感陷入企业的痛苦……我知道：

事业和陷阱与上帝同在！

所以，我宁愿一个人承担也不要去连累别人。

的确，我每天要面对来自各级政府、同行、员工、黑道、亲朋的各种压力，而且，这种无形的压力要持续多久？我根本无法回答你，我只知道，代价是无情的；

的确，代价大有时回报未必就大，而中国的未来需要代价哇！我们这些匹夫国子不去付出，谁去付出呢？

的确，回报对我来讲充满了泪血，然而，如果我要索取个人回报的话，何必要选择实业报国这条充满坎坷的路呢？毕竟，伴随着这种坎坷，企业还是发展了、壮大了，国家也发展了、壮大了哇！

的确，我经历过"插队落户"的农村生活，我知道一个吃不饱肚子的家庭有着什么样的痛苦；

的确，我出生在一个知识分子家庭，我知道一个人如果没有文化，将会给他的终生带来什么样的痛苦；

的确，我出生在一个右派家庭，我知道一场政治运动将给一个国家和家庭带来什么样的灾难和痛苦；

的确，如果中国人有了温饱、有了文化、有了自由，而在这其中有我的一份功劳的话，我觉得这就是我最好的回报！

也的的确确，千里马10多年了，"总裁答辩日" 10多年了，我依然还像第一天那样执著、奔波、饱满。然而，人生的目标未必就是为了得到。只要我努力了我相信来生我一定就满意了，因为到那时我可以骄傲地对每一个生灵说：我的前生没有白过！

（热烈掌声中，许多员工随着张总充满热泪）

（语气特重）的确，你说千里马成功的一半要归功于"总裁答辩日"我赞同，因为：

总裁答辩日是一本书，是一本永远读不完的经书；
总裁答辩日是一首诗，是一首充满人生哲理的诗；
总裁答辩日是一首歌，是一首充满酸甜苦辣的歌；
总裁答辩日是历史，是中国民营经济发展的见证史！

的确，从我下海创办千里马公司的第一天起，我身无分文，可今天，千里马公司毕竟成了一个很有前景、有实力的知名企业。

西方经济走了多少年？毕竟中国改革开放才近30年就走到了世界前位。

从我创办千里马公司第一个企业开始，才走了13年，形成千里马集团也才10年！

虽然10多年对一个人生来讲非常宝贵，尤其是一个人辉煌的年龄段，但是10年对一个企业来讲还是非常短暂的，10年可能只能完成一个基础建设段落。世界上许多百年制造企业当初一样经历了痛苦的创业阶段，我们千里马的 10 年算什么呢？

的的确确，开始我不知道老板该如何去当，记得在我们 10 年前的第一次"总裁答辩日"上，有员工质问我："你连一个老板都不知道怎么去当，为什么还要开公司？你不会当老板，我们跟着你怎么办？"这个问题甚至影响了我一辈子，她就像一个幽灵，无时不在困惑着我。然而，逐渐地我把她的谜底用时间通过我的努力一个一个地解开，幽灵则变成了晴空，变成了晴空霹雳般的灵魂：原来幽灵就是"断魂"，"魂"就是"商"，商魂就是解密商场，就是"断商"！为此，我付出了我的全部心血，而是极其乐意！

不过，我现在把大家一看，把中国一看，我感觉我很有力量！任何忧郁、恐惧、压力在我这种力量面前都顿时变得渺小起来！

虽然未来的路程还很长很长，虽然忧郁、恐惧、压力在未来伴随着我可能变得越来越严峻，虽然成功与失败在未来的泪血中还是一个未知数，但我现在至少可以骄傲地向大家回答当初这个问题——这是我今天交给所有员工的一份满意的答卷，作为今天"总裁答辩日"的结束语，也作为咱们千里马集团 10 周年的一份厚礼送给大家：

我终于能当好一个老板了！